ABHANDLUNGEN
DER AKADEMIE DER WISSENSCHAFTEN DER DDR
Abteilung Veröffentlichungen der Wissenschaftlichen Räte

Jahrgang 1978 · Nr. W 2

Tagung des Rates für staats- und rechtswissenschaftliche Forschung an der Akademie der Wissenschaften der DDR vom 3. 6. 1977

Rechtsfragen der Leitung und Planung des wissenschaftlich-technischen Fortschritts

AKADEMIE-VERLAG · BERLIN

Herausgegeben im Auftrage des Präsidenten
der Akademie der Wissenschaften der DDR
vom Vizepräsidenten Prof. Dr. Heinrich Scheel

Verantwortlich für dieses Heft:
Prof. Dr. Gerhard Schüßler
Vorsitzender des Rates für staats- und rechtswissenschaftliche Forschung
an der Akademie der Wissenschaften der DDR

Redaktionsschluß: 8. 11. 1977
Erschienen im Akademie-Verlag, 108 Berlin, Leipziger Str. 3–4

Lizenznummer: 202 · 100/242/1978
Gesamtherstellung: VEB Druckhaus Köthen
Bestellnummer: 753 547 5 (2001/78/2/W) · LSV 0465
Printed in GDR
DDR 4,– M

Inhaltsverzeichnis

Autorenverzeichnis

Professor Dr. Frithjof Kunz
Leiter des Lehrstuhls Arbeitsrecht der Akademie für Staats- und Rechtswissenschaft der DDR

Dr. Siegfried Seidel
Martin-Luther-Universität Halle, Sektion Rechtswissenschaft

Dr. Hans-Georg Krey, Dr. Gottfried Bauer, Institut für Wirkstofforschung der Akademie der Wissenschaften der DDR

Dr. sc. Dietmar Seidel
Sekretär des Rates für staats- und rechtswissenschaftliche Forschung an der Akademie der Wissenschaften der DDR

Professor Dr. Ernst Winklbauer
Leiter des Bereiches wissenschaftlich-technischer Rechtsschutz der Sektion Rechtswissenschaft der Humboldt-Universität

Professor Dr. Gerhard Feige
Sektion Staatsrecht und staatliche Leitung der Akademie für Staats- und Rechtswissenschaft der DDR

Dr. Hans Leger
Sekretär des Wissenschaftlichen Rates für ökonomische Fragen des wissenschaftlich-technischen Fortschritts

Professor Dr. Heinrich Seickert
Institut für Theorie, Geschichte und Organisation der Wissenschaft der Akademie der Wissenschaften der DDR

Professor Dr. Richard Hähnert
Karl-Marx-Universität Leipzig, Sektion Rechtswissenschaften

Vorwort

Fragen von Wissenschaft und Technik nehmen im Zusammenhang mit der Durchsetzung und Beschleunigung des wissenschaflich-technischen Fortschritts, der weiteren dynamischen Leistungs- und Effektivitätsentwicklung unserer Volkswirtschaft einen erstrangigen Platz ein.

In der vorliegenden Arbeit werden grundlegende Probleme der weiteren Vervollkommnung der Leitung und Planung des wissenschaftlich-technischen Fortschritts behandelt und die Aufgaben des sozialistischen Rechts als bedeutendes staatliches Leitungsinstrument zur Durchsetzung und Beschleunigung dieses tiefgreifenden, alle gesellschaftlichen Bereiche beeinflussenden gesellschaftlichen Prozesses aufgezeigt.

Im Mittelpunkt steht dabei die Frage, wie mit Hilfe des sozialistischen Rechts, mit rechtlichen Mitteln und Methoden gesellschaftlich wirksam auf die Entwicklung und Nutzung von Wissenschaft und Technik eingewirkt werden kann.

Die Stimulierung des wissenschaftlich-technischen Schöpfertums als einheitlichen Prozeß der Leitung und Planung von Forschung, Entwicklung und produktiver Nutzung bildet dabei die zentrale Fragestellung. Breite und Vielfältigkeit der teils unter interdisziplinärer Sicht erörterten Probleme unterstreichen, daß die Wirksamkeit des sozialistischen Rechts im Prozeß des wissenschaftlich-technischen Fortschritts davon abhängt, wie es verstanden wird, der diesem Prozeß innewohnenden Komplexität der gesellschaftlichen Beziehungen Rechnung zu tragen und den Prozeß des wissenschaftlich-technischen Fortschritts als integrierenden Bestandteil gesamtgesellschaftlicher Leitung und Planung in seiner gesellschaftlichen Relevanz zu erfassen und rechtlich zu gestalten.

Frithjof Kunz

Zur Erhöhung der Wirksamkeit des sozialistischen Arbeitsrechts bei der Entfaltung der entscheidenden Triebkraft der entwickelten sozialistischen Gesellschaft zur Durchsetzung des wissenschaftlich-technischen Fortschritts

1. Beschleunigung des wissenschaftlich-technischen Fortschritts – wichtige Voraussetzung der Lösung der Hauptaufgabe

Das Programm der Sozialistischen Einheitspartei Deutschlands hebt hervor: Für die Gestaltung der entwickelten sozialistischen Gesellschaft ist es notwendig, alle Vorzüge und Triebkräfte, alle Seiten und Bereiche des gesellschaftlichen Lebens, die Produktivkräfte und die Produktionsverhältnisse, die sozialen und politischen Beziehungen, die Wissenschaft und das Bildungswesen, die sozialistische Ideologie und Kultur, die Gesamtheit der Arbeits- und Lebensbedingungen sowie die Landesverteidigung planmäßig auf hohem Niveau zu entwickeln. Die Hauptaufgabe bei der weiteren Gestaltung der entwickelten sozialistischen Gesellschaft verlangt ein hohes Entwicklungstempo des wissenschaftlich-technischen Fortschritts, denn entwickelte sozialistische Gesellschaft heißt, – „eine leistungsfähige materiell-technische Basis zu schaffen, die ein stabiles Wirtschaftswachstum, hohe Arbeitsproduktivität und Effektivität der gesellschaftlichen Arbeit ermöglicht. Der Hauptweg dazu ist die Intensivierung der gesellschaflichen Produktion. Die organische Verbindung der Errungenschaften der wissenschaftlich-technischen Revolution mit den Vorzügen des Sozialismus ist dafür eine entscheidende Bedingung."[1] Deshalb ist der wissenschaftlich-technische Fortschritt planmäßig in allen gesellschaftlichen Bereichen anzuwenden.

Die Hauptaufgabe kann nur dann immer besser gelöst werden, wenn der wissenschaftlich-technische Fortschritt beschleunigt und genutzt wird. Eine besondere Rolle spielt der wissenschaftlich-technische Fortschritt im Bereiche der Arbeitsverhältnisse der Arbeiter und Angestellten, aber auch der anderen Werktätigen. Die wirtschaftliche, wie die gesamte gesellschaftliche Entwicklung in unserer Republik fordern und ermöglichen es, die Qualität und Effektivität der Arbeit weiter zu erhöhen. Mit Hilfe von Wissenschaft, Technik und Technologie können weitere hohe Steigerungsraten der Arbeitsproduktivität erzielt, Arbeitsplätze wie im Gesetz über den Fünfjahrplan für die Entwicklung der Volkswirtschaft in der DDR 1976–1980 vom 15. Dezember 1976 (GBl. I S. 519) vorgesehen, eingespart und das Aufwand-Ergebnis-Verhältnis verbessert werden. So sieht das Gesetz über den laufenden Fünfjahrplan bis 1980 vor, durch die Erarbeitung und breite Nutzung wissenschaftlich-technischer Ergebnisse:

- 60 bis 70 Prozent der notwendigen Steigerung der Arbeitsproduktivität zu erbringen;
- dadurch jährlich 240 bis 260 Millionen Arbeitsstunden in Industrie und Bauwesen einzusparen;
- etwa 80 Prozent der angesteuerten Materialreduzierungen zu erzielen und
- die Warenproduktion mit dem Gütezeichen „Q" auf mehr als das Doppelte zu steigern.

Die Beschleunigung des wissenschaftlich-technischen Fortschritts muß deshalb als das entscheidende Kettenglied für den weiteren Leistungsanstieg der Volkswirtschaft betrachtet werden.

Von den neuen Erkenntnissen der Wissenschaft und ihrer Nutzung hängen wesentlich der wirtschaftliche Leistungsanstieg und die Effektivität der Produktion ab, sie sind nicht nur ein entscheidender Intensivierungsfaktor, sondern „die wissenschaftliche Bildung fördert die schöpferischen Fähigkeiten und das bewußte Handeln der Werktätigen für den gesellschaftlichen Fortschritt."[2] Im Zuge der weiteren Gestaltung der entwickelten sozialistischen Gesellschaft durchdringt die Wissenschaft zunehmend alle Bereiche des gesellschaftlichen Lebens. Neue Erkenntnisse der Gesellschaftswissenschaft, darunter der Staats- und Rechtswissenschaften müssen helfen, die gesellschaftlichen Verhältnisse und ihren Wachstumsprozeß besser zu leiten und zu planen. So orientiert das neue Arbeitsgesetzbuch deshalb folgerichtig bereits in seiner Präambel auf die Erhöhung des wissenschaftlich-technischen Fortschritts. Dieser Gedanke wird in den §§ 1 ff AGB aufgegriffen und unter dem Aspekt der Ausgestaltung der verfassungsmäßigen Grundrechte der Bürger durch das gesamte Arbeitsrecht weitergeführt. Diese gesetzliche Regelung entspricht der hohen Qualität und Effektivität der Arbeit, die der geplante ökonomische Leistungsanstieg erfordert. Die hohe Qualität und Effektivität der Arbeit ist, wie Erich Honecker auf der 5. Tagung des ZK der SED unterstrich, „ein genereller Anspruch, gerichtet an die gesamte Tätigkeit der Partei und aller Werktätigen, gültig für jedes Aufgabenfeld in der Volkswirtschaft. Hier zeigt sich die wachsende Rolle des subjektiven Faktors. Qualität und Effektivität der Arbeit kommen zum Ausdruck in der Intensivierung der Produktion, besonders im wissenschaftlich-technischen Fortschritt, in der Qualität der Erzeugnisse, dem Nutzeffekt der Investitionen. Sie zeigen sich im wirtschaftlichen Einsatz der vorhandenen Ausrüstungen und des Materials sowie im verantwortungsbewußten Handeln des einzelnen und seiner ständigen Qualifizierung, in der allseitigen Erfüllung des Planes."[3]

Hieraus werden umfassend die Faktoren sichtbar, die die Effektivität und Qualität der Arbeit der Volkswirtschaft, der Betriebskollektive und der einzelnen Werktätigen beeinflussen. Dabei ist es so, daß auch für die Qualität und Effektivität der Arbeit dem wissenschaftlich-technischen Fortschritt eine Schlüsselrolle zukommt, da sein Tempo und seine Auswirkungen alle anderen Entwicklungen maßgeblich beeinflussen. Auch hier steht im Vordergrund, das schöpferische Niveau der Arbeit rasch zu erhöhen.

Für uns in der DDR, deren kontinuierliche und stabile Entwicklung gerade auf der intelligenzintensiven Produktion beruht, entscheidet der wissenschaftlich-technische Fortschritt, entscheidet die sozialistische Intensivierung der Produktion darüber, in welchem Tempo wir unsere anspruchsvollen sozialpolitischen Ziele realisieren können, die mit dem weiteren Ausbau der entwickelten sozialistischen Gesellschaft verknüpft sind: „Mit der Effektivität unserer Produktion entscheiden wir über den Spielraum unserer Sozialpolitik. Das Verhältnis von Aufwand und Ergebnis zu verbessern, darauf zielt alles ab, was wir in unserer Ökonomie tun."[4]

Mit der Errichtung der Arbeiter- und Bauernmacht und der Entfaltung des sozialistischen Eigentumsverhältnisses wurden die entscheidenden Voraussetzungen für die rasche Entwicklung der Produktivkräfte der Gesellschaft in Übereinstimmung mit den Produktionsverhältnissen geschaffen. Die Existenz sozialistischer Produktionsverhältnisse begünstigt die Entwicklung der Produktivkräfte und damit auch die Meisterung des wissenschaftlich-technischen Fortschritts.

Jedoch vollzieht sich dieser Prozeß nicht reibungslos und ohne Widersprüche.[5] Die

Entwicklung der Produktivkräfte im höchstmöglichen Maßstab bedarf der Planmäßigkeit in jeder Hinsicht, auch in ihrer Förderung durch stete Entfaltung des sozialistischen Gehalts der Produktionsverhältnisse und aller anderen Gesellschaftsverhältnisse. Die rechtzeitige, vorausschauende planmäßige Verwirklichung der grundlegenden Übereinstimmung zwischen dem Charakter der Produktivkräfte und den Produktionsverhältnissen ist eine Voraussetzung für die Meisterung des wissenschaftlich-technischen Fortschritts. Dem sozialistischen Recht als bedeutendem Instrument staatlicher Leitung und Planung kommen dabei entscheidende Aufgaben zu.[6]

2. Zur Rolle des sozialistischen Rechts bei der Durchsetzung und Beschleunigung des wissenschaftlich-technischen Fortschritts

Ausgehend davon, daß die sozialistische Meisterung des wissenschaftlich-technischen Fortschritts die Beachtung und Herstellung der wachsenden Übereinstimmung der Interessen des einzelnen, der Kollektive und der Gesellschaft durch die gesamte staatliche Leitung und Planung verlangt, bedarf es somit gleichzeitig auch des Einsatzes des gesamten sozialistischen Rechts. Die grundlegende Interessenübereinstimmung als entscheidende Triebkraft der entwickelten sozialistischen Gesellschaft, prägt das Wesen des gesamten sozialistischen Rechts, aller seiner Zweige und Institutionen.

Die Erschließung und Freisetzung dieser Triebkraft ist notwendig, um die Produktivkräfte und Produktionsverhältnisse der entwickelten sozialistischen Gesellschaft in Übereinstimmung zu halten und optimal zu entwickeln. Es ist die entscheidende Garantie für die Beschleunigung des wissenschaftlich-technischen Fortschritts. Sie ist daher Aufgabe jeglicher Rechtsschöpfung und Rechtsverwirklichung und damit der bewußten Realisierung der Gesetzlichkeit in jedem Zweig des Rechts. Dabei ist jedoch zu beachten, daß der wissenschaftlich-technische Fortschritt ein vielgliedriger, komplexer Prozeß ist, der als Wachstumsfaktor letztlich nur über die verschiedenen Elemente der Produktivkräfte – insbesondere die Werktätigen als Hauptproduktivkraft – wirksam wird.[7] Das sozialistische Recht ist angesichts dieser Komplexität ein Instrument des sozialistischen Staates, das gemeinsam mit anderen dazu dient, den wissenschaftlich-technischen Fortschritt zu beschleunigen. Es wirkt zusammen mit der allgemeinen Politik zur Beschleunigung von Wissenschaft und Technik, mit der Gestaltung der Ökonomik, mit dem Ausbau der Planung und Bilanzierung, mit der Bildungspolitik, der gesamten Wirtschafts- und Sozialpolitik, aber auch der internationalen ökonomischen Integration und Zusammenarbeit usw.

Mit der wachsenden Rolle des subjektiven Faktors, mit der immer wirksameren Dialektik in den Beziehungen von lebendiger und vergegenständlichter Arbeit[8] nimmt die Rolle des sozialistischen Rechts bei der konkreten Erschließung der entscheidenden Triebkraft zur Beschleunigung des wissenschaftlich-technischen Fortschritts zu. Seine konkreten und verbindlichen Verhaltensnormen sind unerläßlich, um ein dementsprechendes Handeln in der gemeinsamen Arbeit und im gesamten gesellschaftlichen Leben zu sichern, um die dazu erforderliche politische Einsicht und hohes Verantwortungsbewußtsein zu festigen, um schöpferische Aktivität zu fördern und zu stimulieren, um die erforderliche Bildung und Qualifikation zu gewährleisten. Die Wirksamkeit des sozialistischen Rechts bei der Lösung dieser Aufgaben ist dann besonders hoch, wenn nicht nur die Qualität der geltenden Vorschriften gut ist und die Gesetzlichkeit zielstrebig durchgesetzt wird, sondern gleichzeitig auch alle anderen Faktoren zur Beschleunigung des wissenschaftlich-technischen Fortschritts höchstmöglich genutzt werden. Im übertragenen Sinne gilt für die Rechtsarbeit das Gleiche, was für die lebendige Arbeit generell zutrifft: All das, was die menschliche Arbeit im Sozialismus charakterisiert, erlangt tendenziell zunehmendes Gewicht, wird aber ebenso im wachsenden Maße wirksam über die Beschaffenheit und den rationellen Einsatz der vergegenständlichten Arbeit.[9]

Da der Grad der Realisierung des wissenschaftlich-technischen Fortschritts vor allem durch den Stand der Effektivität der Arbeit, das Verhältnis von Aufwand bzw. Leistung je Einheit der Produktion gekennzeichnet ist, kommt der Förderung der sozialistischen Intensivierung durch das Recht besondere Bedeutung zu: Die sozialistische Intensivierung, insbesondere die Rationalisierung, bedarf insbesondere angesichts der Einheit von Wirtschaft und Sozialpolitik des vorausschauenden Einsatzes des sozialistischen Rechts, damit die entscheidende Triebkraft der entwickelten sozialistischen Gesellschaft voll erschlossen werden kann.

Betrachtet man die rechtswissenschaftliche Literatur in unserer Republik, dann kann man feststellen, daß an vielen Stellen und unter verschiedenen Blickwinkeln die Bedeutung des Rechts insgesamt, bestimmter Rechtszweige oder einzelner rechtlicher Institute für die Beschleunigung des wissenschaftlich-technischen Fortschritts bzw. für die Beachtung und konkrete Herstellung der grundlegenden und wachsenden Übereinstimmung der Interessen des einzelnen, der Kollektive und der Gesellschaft behandelt wird.[10] Jedoch kommt man auch nicht umhin, zu bemerken, daß es an grundsätzlichen Arbeiten zu dieser Problematik bisher noch mangelt. Für die Bereicherung der Rechtswissenschaft in dieser Hinsicht erscheint es notwendig, erneut auf eine Tatsache hinzuweisen, deren Gewicht mehr und mehr hervortritt: Nicht nur in der allgemeinen Staats- und Rechtstheorie, sondern auch der Theorie der einzelnen Rechtszweige gilt es, die Quellen der internationalen Zusammenarbeit der Rechtswissenschaftler der einzelnen sozialistischen Staaten mit dem immensen Potential der sowjetischen Rechtswissenschaft an der Spitze zu erschließen, aber auch gleichzeitig unseren Beitrag dazu zu leisten. Innerhalb der Arbeitsrechtswissenschaft sind dazu die ersten Schritte getan. Bezüglich der hier behandelten Problematik hat die sowjetische Arbeitsrechtswissenschaft bedeutsame Erkenntnisse aufzuweisen. In der von Arbeitsrechtlern des Instituts für Staat und Recht der Akademie der Wissenschaften der UdSSR unter der Redaktion von S. A. Iwanow erarbeiteten Publikation „Arbeitsrecht und wissenschaftlich-technischer Fortschritt“[11] werden bedeutsame Probleme des sowjetischen Arbeitsrechts unter den Bedingungen der wissenschaftlich-technischen Revolution behandelt. Vor allem ist für die weitere rechtswissenschaftliche Arbeit in der DDR die der wissenschaftlichen Arbeit zugrundeliegende Methodik von großem Interesse:

1. Die typischen Wesenszüge des sozialistischen Arbeitsrechts unter den Bedingungen der wissenschaftlich-technischen Revolution werden in Auseinandersetzung mit der Lage im Kapitalismus, mit dem imperialistischen Arbeitsrecht und der bürgerlichen Ideologie herausgearbeitet.

2. Es wird deutlich die Möglichkeit und die Notwendigkeit demonstriert, auch mit Hilfe des Arbeitsrechts die Vorzüge des Sozialismus bei der Verwirklichung des wissenschaftlich-technischen Fortschritts zu entfalten. Dabei wird auch dem Einfluß nachgegan-

gen, den das Vorbild der UdSSR und seines Arbeitsrechts durch den Kampf der Arbeiterklasse in den kapitalistischen Staaten auf die dortige Rechtsentwicklung ausübt.

3. Alle Probleme der Hauptinstitutionen des Arbeitsrechts, wie den Rechten der Gewerkschaften, dem Arbeitsvertrag, dem Arbeitslohn, dem Arbeitsschutz usw. werden konkret u. a. unter Zugrundelegung eines aussagefähigen soziologischen Materials über die Wirksamkeit der Rechtsnormen behandelt. Das bildet die Grundlage für die theoretische Vertiefung der Rechtsinstitute, für die Vorschläge für ihre bessere Verwirklichung in der Praxis, als auch in den nötigen Fällen für ihre Weiterentwicklung de lege ferenda.

4. Die Rechtsfragen werden in ihrem engen Zusammenhang mit anderen Problemen der Planung und Leitung untersucht.

5. Die Darlegungen erfolgen, wo es den Autoren erforderlich erscheint, in sachlichem, auf das Wesentliche bezogenen und weiterführenden Meinungsstreit im Rahmen der eigenen Arbeitsrechtswissenschaft und -praxis.

Die Tatsache, daß die Grundprinzipien des Arbeitsrechts der UdSSR und der DDR übereinstimmen, ermöglicht trotz Differenzierungen der Regelung im einzelnen, die Vertiefung der eigenen theoretischen Erkenntnisse sowie den Vergleich der Motivation und der Wirksamkeit der gefundenen rechtlichen Lösungen.

Ausgehend davon, daß der wissenschaftlich-technische Fortschritt ausnahmslos alle Seiten des gesellschaftlichen Lebens berührt, unterstreichen die Autoren, daß auch in der Arbeitsrechtswissenschaft der UdSSR die Aufmerksamkeit verstärkt diesem Problemkreis zugewandt werden muß. Sie weisen auf die vielen Probleme hin, die durch den wissenschaftlich-technischen Fortschritt auf dem Gebiet der Arbeitsverhältnisse entstehen und machen deutlich, daß außer allgemeinen Thesen zur wechselseitigen Beeinflussung von Arbeitsrecht und wissenschaftlich-technischem Fortschritt zu dieser Frage noch zu wenig bekannt ist.

Sie leiten daraus die Aufgabe der Arbeitsrechtswissenschaft ab, „zur besten Nutzung der rechtlichen Mittel für die Forcierung des wissenschaftlich-technischen Fortschritts und die weitere Verbesserung der Arbeitsbedingungen beizutragen“.[12]

3. Die Bedeutung des Arbeitsrechts der DDR für die Freisetzung der entscheidenden Triebkraft der sozialistischen Gesellschaft zur Beschleunigung des wissenschaftlich-technischen Fortschritts

Wie alle Zweige des einheitlichen sozialistischen Rechts hat auch das Arbeitsrecht die Aufgabe, die Beschleunigung des wissenschaftlich-technischen Fortschritts mit seinen Normen und Institutionen zu fördern und seine Errungenschaften zu schützen. „Das Arbeitsrecht hat die Aufgabe, die Beziehungen der Werktätigen im Arbeitsprozeß entsprechend dem sozialistischen Charakter der Arbeit und den von den Anschauungen der Arbeiterklasse bestimmten Prinzipien der sozialistischen Moral zu gestalten. Es trägt dazu bei, wie es in der Präambel des neuen AGB heißt, „die schöpferischen Fähigkeiten und Initiativen der Werktätigen zur Erhöhung der Qualität und Effektivität der Arbeit, volle Nutzung des wissenschaftlich-technischen Forschritts und Steigerung der Arbeitsproduktivität zu entfalten sowie das Leistungsprinzip durchzusetzen."

So hat das sozialistische Arbeitsrecht für die Verwirklichung des wissenschaftlich-technischen Fortschritts hervorragende Bedeutung: Es dient im Zusammenwirken mit den anderen Rechtszweigen der Freisetzung der entscheidenden Triebkraft der entwickelten sozialistischen Gesellschaft in den Arbeitsverhältnissen der Arbeiter und Angestellten. Es dient also insbesondere den Arbeitsverhältnissen der führenden Arbeiterklasse, in denen sich direkt lebendige und vergegenständlichte Arbeit miteinander verbinden. Es gestaltet die Beziehungen der Arbeiter und Angestellten, der Betriebs- und Arbeitskollektive in der entscheidenden Sphäre der gesellschaftlichen Tätigkeit, in der Arbeit, vor allem in der materiellen Produktion, in der sie als Werktätige, sozialistische Eigentümer und Träger der Staatsmacht aktiv und schöpferisch zur Erfüllung der Planaufgaben und darin eingeschlossen der Durchsetzung des wissenschaftlich-technischen Fortschritts kameradschaftlich zusammenwirken. Die ständige Vervollkommnung der sozialistischen Arbeitsverhältnisse der Arbeiter und Angestellten ist stets Ausdruck der führenden Rolle der Arbeiterklasse. Die Arbeiterklasse ist in der entwickelten sozialistischen Gesellschaft nicht nur politisch und sozial, sondern auch technisch und ökonomisch die Hauptkraft des gesellschaftlichen Fortschritts. Dabei ist ein entscheidendes Merkmal die qualitative Höherentwicklung der Arbeiterklasse. Sie äußert sich u. a. in der wachsenden politischen Aktivität, den zunehmenden Kenntnissen und Fähigkeiten zur Lösung der neuen ökonomischen und technischen Probleme und der ständig steigenden geistig-kulturellen Bildung. „Die Höherentwicklung der Arbeiterklasse vollzieht sich vor allem im Kampf für die Steigerung der Arbeitsproduktivität, für die Beschleunigung des wissenschaftlich-technischen Fortschritts, im sozialistischen Wettbewerb, in der Neuererbewegung, in der aktiven Teilnahme der Arbeiter an der Leitung und Planung und an der weiteren Vervollkommnung der sozialistischen Demokratie.“[13]

Mit dem neuen Arbeitsgesetzbuch wurde das Arbeitsrecht mit den Veränderungen in Übereinstimmung gebracht, die sich im Ergebnis der Dynamik bei der Gestaltung der entwickelten sozialistischen Gesellschaft, insbesondere bei der weiteren Festigung der Arbeitsverhältnisse der Arbeiter und Angestellten vollzogen haben. Es wurde erforderlich, um die gesellschaftsgestaltende aktive Rolle des sozialistischen Arbeitsrechts bei dem weiteren Aufbau der entwickelten sozialistischen Gesellschaft und so der Schaffung grundlegender Voraussetzungen für den allmählichen Übergang zum Kommunismus nicht nur zu erhalten, sondern auch noch weiter zu erhöhen. In der Gewährleistung dieser gesellschaftsgestaltenden Rolle für den nächsten historischen politischen Entwicklungsabschnitt auf dem Gebiete der Arbeitsverhältnisse der Arbeiter und Angestellten und der eng mit ihnen verbundenen gesellschaftlichen Verhältnisse liegt das rechtspolitische Ziel des neuen AGB. Die arbeitsrechtlichen Regelungen des neuen AGB „sind geprägt von der führenden Rolle der Arbeiterklasse in unserem Staat. Sie enthalten nicht nur das Recht auf Arbeit, sondern legen exakt fest, wie es in unserem sozialistischen Staat garantiert wird. Sie bringen gesetzlich zum Ausdruck, wie der Mensch der sozialistischen Gesellschaft in sozialer Geborgenheit sein schöpferisches Denken verwirklichen kann.“[14]

Das neue AGB widerspiegelt die Vorzüge, Werte und Ideale des Sozialismus. Das AGB wird auf dem von ihm erfaßten wesentlichen Gebiet der gesellschaftlichen Verhältnisse die Festlegungen unserer sozialistischen Verfassung verwirklichen und weiter ausgestalten. So hinsichtlich der verfassungsmäßig garantierten Rechte der Gewerkschaften, der Stellung der Betriebe und der Grundrechte der Werktätigen auf dem Gebiet der Arbeit. Es wird einer der wesentlichsten Bausteine des Gesetzgebungswerks unserer Republik sein und die bisher erlassenen Gesetze wie das Gesetz über den Ministerrat, über die örtlichen Volksvertretungen, das ZGB usw. harmonisch ergänzen.[15] Es wird nicht nur gegenwärtig, sondern auch zukünftig im Zentrum unserer Rechtsordnung und Rechtsarbeit stehen.

Das neue AGB widerspiegelt die gewachsene Verantwortung der Arbeiterklasse als produzierende und machtausübende Klasse, die es immer besser versteht, die Vorzüge und Möglichkeiten des Sozialismus mit dem wissenschaftlich-technischen Fortschritt in der modernen Produktion zu verbinden sowie die schöpferischen Initiativen der Werktätigen und ihrer Kollektive zum Nutzen der sozialistischen Gesellschaft und aller ihrer Bürger zu fördern. Das findet auch seinen Ausdruck in der im AGB sowohl eingangs als allgemeine Zielstellung verankerten als auch in seinen Vorschriften konkret geregelten Orientierung auf die Aufgabe, in Realisierung der Einheit von Wirtschafts- und Sozialpolitik planmäßig die Arbeits- und Lebensbedingungen der Werktätigen zu verbessern sowie die volle soziale Sicherheit und Geborgenheit der Werktätigen, auch und gerade angesichts der Meisterung des wissenschaftlich-technischen Fortschritts, zu sichern.

Das AGB verdeutlicht, daß es nicht dem humanistischen Wesen der Arbeit im Sozialismus gerecht wird, die Arbeit, die Erhöhung ihrer Effektivität und Qualität nur als Mittel zur Lösung der Hauptaufgaben zur Schaffung der ökonomischen Voraussetzungen für unser sozialpolitisches Programm zu betrachten. Vielmehr ist die Entwicklung des sozialistischen Charakters der Arbeit selbst ein Kernziel der entwickelten sozalistischen Gesellschaft, in der der Werktätige nicht mehr wie im Kapitalismus seiner Arbeit und ihren Resultaten fremd gegenübersteht. In der gemeinschaftlichen produktiven Arbeit wachsen die Talente und Fähigkeiten des Menschen. In den Arbeits- und Betriebskollektiven entwickeln sich am deutlichsten und am schnellsten sozialistische Charaktereigenschaften der Menschen. „Es gibt keinen abstrakten Weg dahin, möglichst allseitig gebildete, entfaltete Individuen zu schaffen, sondern nur den Weg über die sozialistische Arbeit, und die ist untrennbar verbunden mit den Arbeitsbedingungen, mit den Pro duktionsmitteln, mit denen gearbeitet wird, und hier verbindet sich Intensivierung und Rationalisierung, die verschiedenen ökonomischen und technischen Maßnahmen zugleich und unmittelbar mit der Entwicklung der Persönlichkeit, d. h. mit einer entscheidenden Seite der Verwirklichung des sozialistischen Humanismus."[16] Das neue AGB enthält hierzu in allen Kapiteln wichtige Vorschriften: Sie reichen von dem § 18, der den Betriebsleiter verpflichtet, dafür zu sorgen, daß die Werktätigen ihre Arbeit immer effektiver, produktiver und zu ihrer persönlichen Zufriedenheit gestalten können, über die stärkere Ausprägung des Vertragsprinzips bei der Begründung, Änderung und Auflösung der Arbeitsrechtsverhältnisse bis hin zu denen des Arbeitsschutzes.

Besondere Bedeutung hat in diesem Zusammenhang das neue vierte Kapitel „Arbeitsorganisation und sozialistische Arbeitsdisziplin". So ist nach § 71 Absatz 1 der Betrieb verpflichtet, solche Arbeitsbedingungen zu schaffen, die den Werktätigen hohe Arbeitsleistungen ermöglichen, die bewußte Einstellung zur Arbeit und das Schöpfertum fördern, die Arbeitsfreude erhöhen und zur Entwicklung sozialistischer Persönlichkeiten sowie zur sozialistischen Lebensweise beitragen.

Insgesamt läßt sch zusammenfassend feststellen:

1. Das neue AGB verkörpert und fördert die immer stärkere Ausprägung des sozialistischen Charakters der Arbeit im Zuge und im Dienste der Verbindung des wissenschaftlich-technischen Fortschritts mit den Vorzügen des Sozialismus in den Arbeitsverhältnissen der Arbeiter und Angestellten.

2. Es fördert das Anwachsen der schöpferischen Elemente in der Arbeitsaufgabe des

Werktätigen und berücksichtigt deren mit der sozialistischen Meisterung des wissenschaftlich-technischen Fortschritts zunehmendes Gewicht.

3. Das gesamte Arbeitsrecht sichert, daß in den Arbeitsverhältnissen nicht nur das Arbeitsvermögen rationell genutzt, sondern zugleich auch qualitativ weiter entwickelt wird und ist von der Einheit von Arbeit und Bildung durchdrungen.

4. Das AGB übt einen großen Einfluß auf die weitere Festigung des sozialistischen Staats- und Rechtsbewußtseins und der sozialistischen Einstellung zur Arbeit aus und hilft somit wesentlich, das ideologische Fundament für die aktive Durchsetzung des wissenschaftlich-technischen Fortschritts durch die Masse der Werktätigen zu vertiefen.

5. Für das neue AGB ist dabei kennzeichnend, daß es nicht nur die kameradschaftliche Zusammenarbeit zwischen den Werktätigen und zwischen den Arbeitskollektiven im Betrieb, sondern zunehmend auch zwischen den Betriebskollektiven fördert.

Während der wissenschaftlich-technische Fortschritt in den kapitalistischen Staaten zu einer Stärkung der Allmacht des Kapitalisten im Betrieb führt, gewährleistet die entwickelte sozialistische Gesellschaft dessen Verwirklichung unter steter Entfaltung der sozialistischen Demokratie. So verstärkt das neue AGB die Verantwortung des Einzelleiters und verbindet sie mit der aktiven Mitwirkung der Werktätigen. Gemäß § 2 Abs. 2 AGB gewährleistet das Arbeitsrecht, daß die Werktätigen das politische, wirtschaftliche, soziale und kulturelle Leben im Betrieb mitgestalten und immer umfassender und sachkundiger, vor allem durch die Gewerkschaften und ihre Organe, an der Leitung und Planung mitwirken können. Der sozialistische Staat garantiert, daß die Gewerkschaften ihre verfassungsmäßigen Rechte entsprechend ihrer Satzung voll ausüben können. Die Gewerkschaften befähigen die Werktätigen, ihr Recht auf Mitwirkung an der Planung und Leitung sachkundig wahrzunehmen. Sie nehmen an der Vorbereitung und Ausarbeitung der Fünfjahr- und der jährlichen Volkswirtschaftspläne teil. Sie fördern die Initiative der Werktätigen zur gezielten Überbietung der staatlichen Aufgaben. Sie haben das Recht, zu den Planentwürfen Vorschläge zu unterbreiten und Stellung zu nehmen. Die Leiter der Staatsorgane, wirtschaftsleitenden Organen und Betriebe sind gehalten, die Vorschläge und Stellungnahmen der Gewerkschaften gründlich auszuwerten. Diese im einzelnen im ersten Kapitel des AGB geregelten Rechte der Gewerkschaften bedeuten, daß es praktisch keine für die Leitung und Planung der Arbeitsverhältnisse der Werktätigen wichtige Frage der Beschleunigung des wissenschaftlich-technischen Fortschritts gibt, an deren Beantwortung und Entscheidung die Gewerkschaften nicht teilhaben können. Die grundlegenden Vorschriften des ersten Kapitels werden im zweiten Kapitel des AGB allgemein auf die Leitung des Betriebes und Mitwirkung der Werktätigen bezogen präzisiert.[17] In den nachfolgenden Kapiteln werden sie unter dem Aspekt der dort jeweils erfaßten Seiten der Arbeitsrechtsverhältnisse bei den wichtigen Rechtsinstitutionen entsprechend deren Wesen und Aufgaben im einzelnen normiert. (Vergleiche dazu § 22 Abs. 2, AGB, § 23, 24, 25, die einen umfassenden Katalog der Rechte der Betriebsgewerkschaftsorganisation und ihrer Organe enthalten. Das neue AGB verkörpert damit „die gewachsene Verantwortung der Arbeiterklasse als produzierende und machtausübende Klasse, die es immer besser versteht, die Vorzüge und Möglichkeiten des Sozialismus mit dem wissenschaftlich-technischen Fortschritt in der sozialistischen Produktion zu verbinden sowie die schöpferischen Initiativen der Werktätigen und ihrer Kollektive zum Nutzen der sozialistischen Gesellschaft und ihrer Bürger zu entfalten. ... Die Grundsätze des sozialistischen Arbeitsrechts, die exaktere

Gestaltung der Pflichten der Leiter der Betriebe sowie der Planung und Organisation der Produktionsprozesse sowie auch die erstmalige Ausgestaltung eines speziellen Kapitels über die Arbeitsorganisation und die sozialistische Arbeitsdisziplin (4. Kapitel) innerhalb der arbeitsrechtlichen Regelungen dienen dieser Entwicklung."[18]

Mit der Weiterführung der in unserem Arbeitsrecht bereits langjährig erprobten Grundsätze sozialistischer Leitung und Mitwirkung wurden verschiedene Ergebnisse der Analyse der Wirksamkeit des Arbeitsrechts berücksichtigt und diese Prinzipien entsprechend den neuen Möglichkeiten und Erfordernissen konkret weiterentwickelt, um die spezifische Wirkungsweise des Rechts voll auszuschöpfen. Dabei wurde insbesondere durchgängig das Prinzip der Einzelleitung und der Mitwirkung der Werktätigen in seiner inneren Wechselbeziehung gewährleistet. Weiter wurde, soweit überhaupt angängig, von allgemeinen Aufgaben- und Befugnisnormen zu konkreten Verhaltensnormen, zur Regelung exakter Rechte und Pflichten übergegangen und dies auch in klarer Gesetzessprache ausgedrückt. Die Leitungsinstrumente wissenschaftlicher Arbeitsorganisation wurden bis hin zum Weisungsrecht und zur Arbeitsnormung konkreter geregelt[19] und die dafür geltenden Mitwirkungsformen fixiert. Schließlich wurde die Einheit von wissenschaftlich-technischen und ökonomischen sowie von Aufgaben zur Verbesserung der Arbeits- und Lebensbedingungen besser ausgedrückt. Das AGB enthält somit alle erforderlichen Normen, damit Leitung und Mitwirkung sowie Arbeitsorganisation und Disziplin im Betrieb voll zur sozialistischen Meisterung des wissenschaftlich-technischen Fortschritts entwickelt werden können.

Jetzt geht es darum, diese Vorschriften und die in ihnen vorgezeichneten Möglichkeiten in die Realität umzusetzen. Dabei scheint es besonders notwendig zu unterstreichen, daß in dem Maße wie die Technologie der Produktionsprozesse die Wirksamkeit der Arbeitsverfahren beeinflußt und bestimmt, auch der Ansatzpunkt für die Mitwirkung der Werktätigen zeitlich vorzuverlegen ist. Nur so können rechtzeitig die erforderlichen Planungsentscheidungen optimiert und Arbeitsbedingungen gesichert werden, die eine hohe Effektivität mit einer besseren Gestaltung der Arbeitsprozesse verbinden.

Abschließend noch einige Bemerkungen zu einem Charakteristikum, das für die sozialistische Meisterung des wissenschaftlich-technischen Fortschritts typisch ist und sie fundamental von der Verwirklichung des wissenschaftlich-technischen Fortschritts im Kapitalismus unterscheidet. Es ist die historische Errungenschaft der Verwirklichung des wissenschaftlich-technischen Fortschritts unter völliger Sicherung, ja sogar unter einem weiteren Ausbau der Garantien für die Verwirklichung des Rechts auf Arbeit. Das neue Arbeitsgesetzbuch ist ein deutlicher und gültiger Ausweis der in der DDR garantierten Sicherheit und sozialen Geborgenheit für alle Werktätigen.[20] Während in den Ländern des Kapitalismus Inflation und Arbeitslosigkeit anhalten, während dort die allgemeine und die zyklische Krise auf besondere Weise miteinander verflochten sind, während zur Überwindung der Massenarbeitslosigkeit nur Absichtserklärungen zu hören sind, bestimmen soziale Sicherheit und Geborgenheit den Alltag der Werktätigen in der DDR. Diese grundlegende Tatsache prägt alle Gebiete der Arbeitsverhältnisse der Arbeiter und Angestellten und ihrer Regelung. Sie beeinflußt die Ausgestaltung und Verwirklichung des gesamten Arbeitsrechts und durchzieht alle Regelungen des neuen AGB. Die Realität des Rechts auf Arbeit auch und gerade unter den Bedingungen der Meisterung des wissenschaftlich-technischen Fortschritts bestimmt und hebt die Qualität aller Grundrechte der Bürger, den hohen Grad ihrer gesellschaftlichen Garantie.

Das gilt auch für das verfassungsmäßige Grundrecht des Artikels 21, für das Recht auf Mitbestimmung und Mitgestaltung. In besonderem Maße trifft das auf die schöpferische Aktivität der Werktätigen im Arbeitsprozeß zu: „In jedem kapitalistischen Land wäre eine breite Aktion der Werktätigen für die Rationalisierung undenkbar. Wo dieser Prozeß unter den Bedingungen der Ausbeutung vorangetrieben wird, greift vielmehr die Furcht um den Arbeitsplatz um sich, folgt der Rationalisierung die Arbeitslosigkeit. Ganz anders ist es in unserer Deutschen Demokratischen Republik. Bei uns gibt es keine Arbeitslosigkeit, sondern Vollbeschäftigung. Bei uns gibt es keine soziale Demontage, sondern wirtschaftlichen und sozialen Fortschritt. Bei uns findet die Rationalisierung massenhafte Unterstützung, weil sie auf sozialistische Weise der Gesellschaft und dem einzelnen Nutzen bringt."[21]

Das neue Arbeitsgesetzbuch wird der Tatsache gerecht, daß in der DDR das Recht auf Arbeit unter immer günstigeren Umständen realisiert wird. Diese Gesetzmäßigkeit bestimmt die Linie und den Inhalt des dritten Kapitels des AGB über Abschluß, Änderung und Auflösung des Arbeitsvertrages, insbesondere der in diesem Kapitel enthaltenen Neuregelungen. Die Normen dieses Kapitels dienen im besonderen Maße dazu, das verfassungmäßige Recht auf Arbeit, gestützt auf die gesellschaftlichen und staatlichen Voraussetzungen sichern zu helfen, indem sie die Begründung und Änderung sowie für die notwendigen Fälle die Auflösung des Arbeitsrechtsverhältnisses mit reibungsloser Aufnahme eines neuen (von den Fällen des Ausscheidens von Rentnern aus dem Arbeitsleben abgesehen) regeln. Gleichzeitig sind sie auf die Entfaltung und rationelle Nutzung des persönlichen und gesellschaftlichen Arbeitsvermögens gerichtet. Sie beweisen, daß die durch die sozialistische Gesellschaft und ihren Staat gesicherte soziale Sicherheit nicht nur in der Garantie des Arbeitsplatzes über das gesamte Arbeitsleben hin besteht, sondern auch die Persönlichkeitsentwicklung im Arbeitskollektiv und eine Arbeit entsprechend der steigenden Qualifikation und den gesellschaftlichen Erfordernissen umfaßt. Das Ziel dieser wie aller anderen Vorschriften des AGB besteht darin, die Übereinstimmung der gesellschaftlichen, betrieblichen und persönlichen Interessen in jedem konkreten Fall und Stadium der Begründung, Änderung und Beendigung von Arbeitsrechtsverhältnissen herzustellen. Es ist klar, daß sich aus den wachsenden Anforderungen an die Leitungs- und Planungstätigkeit, der Entwicklung des gesellschaftlichen Arbeitsvermögens, wie sie im AGB ihren sichtbaren und verbindlichen Ausdruck finden, auch neue Aufgaben an die wirtschaftsleitenden Organe und an die örtlichen Volksvertretungen und ihre Organe ergeben. Insoweit sind sie auch beachtlich für die Ausgestaltung und Anwendung des Staats-, Verwaltungs- und des Wirtschaftsrechts.[22]

Alle bisherigen arbeitsrechtlichen Regelungen zur reibungslosen Verwirklichung des Rechts auf Arbeit der Werktätigen, einschließlich des Rechts auf freie Wahl des Arbeitsplatzes, darunter der Schutz vor gesellschaftlich nicht gerechtfertigter fristgemäßer Kündigung oder fristloser Entlassung durch den Betrieb, sind voll ins neue AGB übernommen worden. Der Gesetzgeber hat dem neue hinzugefügt. Davon seien hier vier beispielhaft erwähnt, die besonders typisch das Recht auf Arbeit demonstrieren:

- Der arbeitsrechtliche Schutz und die arbeitsrechtliche Förderung für die Werktätigen, die ihr Recht zur Arbeit unter besonderen sozialen Bedingungen realisieren, wurde ausgebaut. Das gilt besonders für drei Personengruppen, die heute im Kapitalismus besonders von der Massen- und Dauerarbeitslosigkeit betroffen sind: die Jugendlichen, die werktätigen Frauen und Mütter und die älteren Werktätigen.[23]
- Der Grundsatz der kameradschaftlichen Zusammenarbeit zwischen den Werktätigen

und den Arbeitskollektiven und seine bisherige Verwirklichung fand seine Konsequenzen in dem erstmalig im AGB geregelten Delegierungsvertrag. Entsprechend § 50 Abs. 1 ist der zeitweilige Einsatz von Werktätigen in einem anderen Betrieb im Rahmen der sozialistischen Hilfe oder zur Lösung volkswirtschaftlicher Schwerpunktaufgaben zwischen dem Werktätigen, dem Einsatzbetrieb und dem delegierenden Betrieb zu vereinbaren (Delegierungsvertrag).

- Das Vertragsprinzip bei der Änderung und Beendigung von Arbeitsrechtsverhältnissen wurde weiter ausgebaut und seine Bedeutung auch bei der Begründung von Arbeitsrechtsverhältnissen weiter erhöht. Das erweist sich an neuen Regelungen zum Änderungsvertrag, zum Delegierungs- und zum Aufhebungsvertrag. Es kommt auch zum Ausdruck in der völlig neuen Herstellung der Übereinstimmung von Plan und Arbeitsvertrag, von Gesetzlichkeit und Vertragsabrede bei der Zusage einer höheren als der rechtlich zulässigen Lohn- oder Gehaltsgruppe durch den Betrieb beim Abschluß des Arbeitsvertrages durch den § 44 AGB. Weiter äußert sich dies bei der nunmehr allgemein gültigen Regelung des Überleitungsvertrages, der bisher nur für Fälle der sozialistischen Rationalisierung vorgesehen war, in den §§ 51 ff.[24]
- Schließlich sind die Anforderungen an den Betrieb für die Verwirklichung des Rechts auf Arbeit des bei ihm tätigen, des bei ihm ausscheidenden Werktätigen bis hin zu dem begründet fristlos Entlassenen gewachsen. Ebenso berücksichtigt das AGB stärker die gefestigte kameradschaftliche Zusammenarbeit zwischen den Betrieben und bezieht sie z. B. beim Delegierungsvertrag, beim Überleitungsvertrag und bei der Unterstützung von Entlassenen in seine Regelung ein.

Diese hier schwerpunktmäßig skizzierten neuen rechtlichen Regelungen gewährleisten auch arbeitsrechtlich gemeinsam mit bisherigen bewährten Rechtsinstitutionen die völlige soziale Geborgenheit des Werktätigen. Es wird damit gesichert, daß notwendige Veränderungen im Arbeitsrechtsverhältnis des Werktätigen mit minimalen Reibungsverlusten, ohne soziale Nöte für den Werktätigen und ohne fühlbare Verluste an Arbeitsvermögen für die Gesellschaft vor sich gehen. Der wissenschaftlich-technische Fortschritt, die wissenschaftlich-technische Revolution stellen für die Werktätigen zu bewältigende Aufgaben dar, deren Lösung neue soziale Maßnahmen eröffnet.

Nunmehr gilt es, den Inhalt des neuen AGB Schritt für Schritt zum geistigen Inhalt der praktischen Rechtsarbeit zu machen, damit er voll für die Erschließung der grundlegenden und wachsenden Übereinstimmung der gesellschaftlichen, betrieblichen und persönlichen Interessen in den Arbeitsverhältnissen der Arbeiter und Angestellten genutzt und so die entscheidende Triebkraft für die Beschleunigung des wissenschaftlich-technischen Fortschritts in unserer sozialistischen Gesellschaft freigesetzt wird.[25]

Anmerkungen

1 Programm der Sozialistischen Einheitspartei Deutschlands, Berlin 1976, S. 20.
2 K. Hager, Aufgaben von Wissenschaft und Bildung nach dem IX. Parteitag der SED, Berlin 1977, S. 6.
3 Aus dem Bericht des Politbüros an die 5. Tagung des ZK der SED, Berichterstatter: Gen. Erich Honecker, Berlin 1977, S. 17.
4 E. Honecker, Wir haben ein Programm des Wachstums, des Wohlstandes und der Stabilität / Rede auf dem 9. Kongreß des FDGB, „Neues Deutschland" vom 18. Mai 1977, S. 3.

5 Vgl. G. Feige, Neue Aufgaben der staatlichen Leitung und Planung des wissenschaftlich-technischen Fortschritts, „Staat und Recht“, H. 3/1977, S. 249.

6 Vgl. H. Weiz, Intensivierung in den Mittelpunkt der staatlichen Leitung stellen, Staat und Recht, H. 7/1975, S. 1007.

7 Vgl. H. Koziolek, Intensivierung – Wesensmerkmal der Wirtschaft der entwickelten sozialistischen Gesellschaft „Einheit“, H. 3/1977, S. 276.

8 Vgl. zur Beziehung von lebendiger und vergegenständlichter Arbeit, K. Hager, Der IX. Parteitag und die Gesellschaftswissenschaften, Berlin 1976, S. 33.

9 Vgl. K. Hager, ebenda und H. Nick, Menschliche Arbeit und Fortschritt der Technik „Einheit“, H. 4/1977, S. 441 ff.

10 So nehmen in „Staat und Recht“ 1975 H. Weiz, H. Hofmann, G. Grunzig und G. Feige zu bestimmten Seiten dieser Problematik Stellung, 1976 äußerten sich dazu R. Dittmann, W. Grasmann, H. Hofmann sowie 1977 schließlich wiederum G. Feige und unter dem Aspekt des neuen AGB G. Schüßler / F. Kunz.

11 Autorenkollektiv unter der Red. von S. A. Iwanow, Arbeitsrecht und wissenschaftl.-technischer Fortschritt, Verlag „Nauka“, Moskau 1974 (russ.).

12 Arbeitsrecht und wissenschaftlich-techn. Fortschritt, a.a.O., S. 3.

13 K. Hager, Der IX. Parteitag und die Gesellschaftswissenschaft a.a.O., S. 40.

14 Bericht des Bundesvorstandes des FDGB an den 9. Kongreß, Berichterstatter: Harry Tisch, „Tribüne“ vom 17. Mai 1977, S. 4.

15 Vgl. St. Supranowitz, Der Entwurf des AGB-Ausdruck der sozialistischen Errungenschaften der DDR, „Neue Justiz“ H. 4/1977, S. 93 ff.

16 A. Kosing, Intensivierung und sozialistischer Humanismus, URANIA-Mitteilungen, H. 4/1977, S. 4.

17 Vgl. W. Hantsche, Rechte der Betriebsgewerkschaftsorganisation im neuen Arbeitsgesetzbuch, Arbeit und Arbeitsrecht, H. 6/1977, S. 177 ff.

18 St. Supranowitz, Der Entwurf des ABG-Ausdruck der sozialistischen Errungenschaften der DDR, ebenda.

19 Vgl. E. Pätzold, Intensivierung der Volkswirtschaft und Arbeitsrecht, Arbeit und Arbeitsrecht, H. 14/1977, S. 429.

20 Vgl. W. Thiel, Das Recht auf Arbeit und die Entwicklung der Persönlichkeit – Eine Betrachtung zum Entwurf des AGB, „Neues Deutschland“ vom 4. und 5. Juni 1977, S. 10.

21 E. Honecker, Wir haben ein Programm des Wachstums, des Wohlstandes und der Stabilität, ebenda.

22 Vgl. zum dritten Kapitel des AGB J. Michas, Das Recht auf Arbeit – Ausdruck der sozialen Sicherheit im Sozialismus, Arbeit und Arbeitsrecht, H. 5/1977, S. 131 ff.

23 Vgl. K. Rosenfeld, Schutz und Fürsorge den älteren Werktätigen, Arbeit und Arbeitsrecht, H. 10/1977, S. 313 ff.

24 Zum Überleitungsvertrag vgl. im einzelnen: K. Vogler, Zweck und Inhalt des Überleitungsvertrages, Arbeit und Arbeitsrecht, H. 9/1977, S. 269 ff., sowie dieselbe, Was dem Abschluß eines Überleitungsvertrages vorausgehen muß, Arbeit und Arbeitsrecht, H. 11/1977, S. 343 ff.

25 Vgl. H. Heintze, Ein Gesetz zum Wohle der Werktätigen. „Arbeit und Arbeitsrecht“, H. 10/1977, S. 289 ff.

Siegfried Seidel

Zur Rolle des Arbeitsrechts bei der Durchsetzung des wissenschaftlich-technischen Fortschritts

Die Hauptaufgabe bei der Durchsetzung des wissenschaftlich-technischen Fortschritts besteht darin, solche Erzeugnisse zu entwickeln und rasch in die Produktion zu überführen sowie in guter Qualität und mit geringstem Kostenaufwand zu produzieren, die dem wissenschaftlich-technischen Höchststand entsprechen. Der gegenwärtige Stand, daß nur 10% der Erzeugnisse der DDR-Volkswirschaft das Weltniveau bestimmen[1], ist nicht ausreichend, um die anspruchsvollen Ziele im Export und bei der Versorgung der Bevölkerung mit Qualitätswaren zu erfüllen.

Über die Verbesserung dieser Situation wird letztlich und allein im Bereich der gesellschaftlichen Arbeitsverhältnisse entschieden, auf die das sozialistische Arbeitsrecht einwirkt. Es ist deshalb nicht übertrieben, wenn ich davon ausgehe, daß dem sozialistischen Arbeitsrecht im System des Rechts eine Schlüsselrolle bei der Meisterung des wissenschaftlich-technischen Fortschritts zufällt.

Das am 1. Januar 1978 in Kraft tretende neue Arbeitsgesetzbuch der DDR gibt dafür eine ausgezeichnete Grundlage, wobei es allerdings – wie bei jedem Gesetz – darauf ankommt, es in aller Konsequenz anzuwenden.

Wenn die besondere Rolle des Arbeitsrechts bei der Förderung des wissenschaftlich-technischen Fortschritts betont wird, dann deshalb, weil z. B. die Schutzrechtsbestimmungen und die Außenhandelsverträge nur dann wirksam werden können, wenn die Volkswirtschaft solche Erzeugnisse produziert, die dem verschärften internationalen Wettbewerb standhalten können.

Die Hauptaufgabe des sozialistischen Arbeitsrechts besteht darin, die Werktätigen zu befähigen, solche Erzeugnisse zu entwickeln und zu produzieren, die diesen Anforderungen gerecht werden. Es handelt sich hierbei um Fragestellungen, die dem Wesen der sozialistischen Gesellschaftsordnung insgesamt und des sozialistischen Arbeitsrechts im besonderen Maße entsprechen. Meines Erachtens bedürfen aus arbeitsrechtlicher Sicht folgende Probleme einer konstruktiven Lösung:

1. Für die Qualität des wissenschaftlich-technischen Erzeugnisses ist die richtige Auswahl der in der Forschung tätigen Mitarbeiter, d. h. eine gezielte Kaderauswahl, von großer Bedeutung. Es muß deutlich gesagt werden, daß sich nicht jeder Hoch- bzw. Fachschulabsolvent für die Forschungsarbeit eignet. Deshalb ist eine besondere Sorgfalt für die Auswahl der in der Forschung tätigen Mitarbeiter zu verwenden. Andererseits muß es jedoch auch – und zwar auch über arbeitrechtliche Mittel einschließlich der Kündigung – möglich sein, sich von Mitarbeitern zu trennen, die diese Anforderungen nicht erfüllen.

Die Verwirklichung dieser Aufgabenstellung erfordert ein prinzipiell neues Herangehen an die Auswahl und Einschätzung der in der Forschung tätigen Mitarbeiter. Dazu sind jedoch nur solche Leiter – und auch und gerade im Bereich Kader – in der Lage, die selbst über das erforderliche Wissen verfügen und die Fähigkeit besitzen, ihre Mitarbeiter exakt einschätzen zu können. Prof. Abalkin hat diese Gedanken in der „Prawda“ wie folgt formuliert: „Der heutige Leiter muß ein Gefühl für das Neue haben, er muß die Perspektive sehen, seine Beschlüsse von der Position der Partei auffassen, mit voller Sachkenntnis, und er muß natürlich der Erzieher des Kollektivs und der Organisatori der Produktion sein. Die Umstellung des Stils der Wirtschaftsführung, die Entwicklung der Initiative der Kader, die Einführung der fortschrittlichen Erfahrungen, das sind die wichtigsten Reserven für den weiteren Aufschwung der sowjetischen Wirtschaft“.[2]

Diese Aufgabe kann er jedoch nur erfüllen, wenn er das sozialistische Arbeitsrecht konsequent anwendet. Dazu gehört eine regelmäßige Leistungseinschätzung eines jeden Mitarbeiters, die im Bereich der Forschung im Zusammenhang mit der Einschätzung vorgelegter Ergebnisse, unbedingt mindestens jedoch jährlich einmal, erfolgen sollte. In diesem Zusammenhang sind auch die Ursachen dafür zu erörtern, warum die vorgelegten Ergebnisse hinter dem Weltstand zurückgeblieben sind. Dies hat in einer vertrauensvollen, zugleich aber prinzipiellen Weise zu erfolgen.

Dabei ist zu prüfen, ob der betreffende Werktätige (insbesondere unter den Hoch- und Fachschulabsolventen) die erforderliche *Eignung* für die Arbeit im Bereich der Forschung besitzt. Ist dies nicht der Fall, ist der Leiter verpflichtet, gemeinsam mit dem betreffenden Werktätigen eine andere Arbeitsaufgabe auszuwählen (z. B. in der Technologie, der Arbeitsvorbereitung, der Wissenschaftsorganisation usw.). Bei einer erfolgten Willensübereinstimmung sind die erforderlichen arbeitsrechtlichen Vereinbarungen (Abschluß eines Änderungsvertrages bzw. eines Überleitungsvertrages, wenn der Einsatz in einem anderen Betrieb erfolgen soll) vorzunehmen. Wichtig ist dabei, daß ein solcher Wechsel als eine völlig normale Angelegenheit betrachtet wird, die keinerlei nachteilige Auswirkungen – auch nicht in ideologischer Hinsicht – haben darf. Andererseits ist m. E. notwendig, daß diejenigen Werktätigen, die nicht bereit sind, eine andere Arbeitsaufgabe zu übernehmen, damit rechnen müssen, daß ihnen das Arbeitsrechtsverhältnis wegen Nichteignung gekündigt wird. Dies sollte zweifellos nur in Ausnahmefällen geschehen, aber darauf verzichten kann man nicht. Bei der Prüfung der Nichteignung ist ein strenger Maßstab anzuwenden, der sowohl die persönliche als auch die gesellschaftlichen Belange voll wahrt.

2. Eine aktuelle Aufgabe besteht darin, den materiellen Anreiz für die in der Forschung tätigen Mitarbeiter zu vervollkommnen. Die unterschiedlichen Arbeitsergebnisse werden gegenwärtig in der Höhe des Gehaltes nur sehr beschränkt ausgewiesen. Hier sind dringend Veränderungen erforderlich. Dies betrifft sowohl die qualitative als auch die quantitative Seite (die Bezahlung von Überstunden).

Die Lösung dieser Aufgabe ist außerordentlich schwierig, da die Leistungen nicht exakt vergleichbar sind. Es ist kompliziert, die Arbeitsergebnisse exakt zu messen (im Verhältnis zum Aufwand). Überlegenswert erscheinen mir dazu folgende Vorschläge:

a) Die an der Entwicklung von Erzeugnissen, die auf Messen Goldmedaillen erreichen bzw. denen das Gütezeichen Q verliehen wird, beteiligten Mitarbeiter der Forschung und Entwicklung erhalten dafür einen – befristeten – Zuschlag zu ihrem Grundgehalt.

b) Wer mehrfach (2- bis 3mal) an der Erarbeitung derartiger Erzeugnisse entscheidend beteiligt war, bekommt eine Erhöhung seiner Gehaltsgruppe.

c) Denkbar wäre auch die Einführung eines leistungsabhängigen Gehaltes, bei dem die erzielte Devisenrentabilität des entwickelten Erzeugnisses sowie die Erreichung der Planaufgaben im Export als Kennziffer zugrunde gelegt werden könnten.

Die in der Diskussion erwähnten beachtlichen Unterschiede in der Vergütung von Mitarbeitern der Forschung und Entwicklung ergeben sich aus den unterschiedlichen Gehaltsregelungen, die in den einzelnen Wirtschaftszweigen, im Hochschulwesen sowie in der Akademie der Wissenschaften angewendet werden.

Eine Lösung dieses Problems kann nur darin bestehen, für alle in der Forschung und Entwicklung tätigen Mitarbeiter eine einheitliche Gehaltsregelung einzuführen, unabhängig davon, in welchem Industriezweig bzw. anderen gesellschaftlichen Bereich sie tätig sind. Als Beispiel für eine solche Querschnittsregelungshöhe kann die Mitte der sechziger Jahre eingeführte einheitliche Gehaltsregelung für die in der elektronischen Datenverarbeitung tätigen Mitarbeiter genannt werden.

d) Dringender Überprüfung bedarf auch die Regelung, daß die in der Forschung und Entwicklung tätigen Mitarbeiter für Mehrarbeit, die über die gesetzliche Arbeitszeit hinausgeht, keine zusätzliche Vergütung erhalten können. Diese Frage wird auch nach Inkrafttreten des AGB nicht grundlegend gelöst sein, da gemäß § 178, Abs. 2 AGB Angestellte, deren Arbeitsaufgaben Hoch- und Fachschulqualifikation erfordern, keinen Anspruch auf Lohn und Zuschläge für Überstundenarbeit haben. Dies trifft auf die überwiegende Mehrzahl der in der Forschung und Entwicklung tätigen Mitarbeiter unbedingt zu.

Selbstverständlich sollte es angestrebt werden, daß die Forschungs- und Entwicklungsaufgaben in der gesetzlichen Arbeitszeit erfüllt werden. Andererseits ist jedoch bekannt, daß es in bestimmten Bereichen der Forschung und Entwicklung, insbesondere auch bei der Projektierung sowie der Überleitung in die Produktion nicht genügend Kapazität gibt. Dort, wo dies der Fall ist, hemmen diese Regelungen des Arbeitsrechts die schnelle Umsetzung der Forschungsergebnisse in die Praxis. Häufig wird auch versucht, auf Umwegen (durch nicht berechtigte Neuerervereinbarungen, Zusicherung eines hohen Prämienbetrages) diese Bestimmung zu umgehen. Deshalb halte ich es für erforderlich, auf die in der Forschung und Entwicklung tätigen Mitarbeiter die gemäß § 178, Abs. 3 AGB mögliche Ausnahmeregelung anzuwenden. Selbstverständlich erfordert dies eine entsprechende gesetzliche bzw. rahmenkollektivvertragliche Regelung.

e) Verbesserungsbedürftig ist auch die gesellschaftliche Bewertung und ideelle Anerkennung der Leistung erfolgreicher Forscher und Erfinder. Die Leistung der Wissenschaftler, Forscher und Erfinder müssen die gleiche gesellschaftliche Anerkennung und Popularität erfahren wie die hervorragender Sportler und Künstler.

3. Ein entscheidendes Problem ist die Verbesserung der Leitungstätigkeit. Ich stimme völlig mit den Ausführungen von Prof. Feige darin überein, daß allein durch neuartige Bezeichnungen sich keine Probleme lösen lassen. Die Konzentration in der Forschung ist ohne konsequente Leiterentscheidungen nicht zu lösen. Hinsichtlich der in der Diskussion genannten Probleme der Zusammenarbeit von Instituten, die verschiedenen leitenden Organen unterstehen, sollte man z. B. die in der VR Bulgarien gesammelten Erfahrungen gründlicher auswerten.

Dort sind Anfang der siebziger Jahre 66 staatliche Wirtschaftsvereinigungen gebildet worden, die einen geschlossenen Reproduktionszyklus von der Forschung und Entwicklung bis zu Realisierung der Produktion zu leiten haben. In diesen Wirtschaftsvereinigungen sind etwa 70% des wissenschaftlichen Potentials konzentriert. Diese neuen Formen der Leitung werden auch in den Instituten der Akademien und den Hochschuleinrichtungen angewendet. Auf dieser Basis sind einheitlich geleitete Zentren der Wissenschaft gebildet worden.[3]

Auch bei uns sollte überlegt werden, ob Forschungseinrichtungen, die das gleiche Forschungsprogramm (wie z. B. Pharamzeutika) bearbeiten, unter eine einheitliche Leitung gestellt werden.

4. Dringlich erscheint mit die Überarbeitung der VO über die Aufgaben, Rechte und Pflichten der VEB, Kombinate und VVB vom 28. 3. 1973 (GBl. I, S. 129). Dabei sind die sowjetischen Erfahrungen gründlicher auszuwerten (vor allem die verschiedenen Ordnungen über Produktionsvereinigungen). Es sind dabei auch die unterschiedlichen Aufgaben der Kombinate, Groß-, Mittel- und Kleinbetriebe stärker zu berücksichtigen.

Unter Bezugnahme auf die Ergebnisse des diesjährigen Mai-Plenums des ZK der KPdSU formulierte Abalkin die Aufgabe, „die Einwirkung des Planes, der wirtschaftlichen Hebel und Anreize, der organisatorischen Leitungsformen auf die Beschleunigung des wissenschaftlich-technischen Fortschritts, auf die Verbesserung der Qualität der Arbeit und Erhöhung der Effektivität der ganzen gesellschaftlichen Produktion zu verstärken“.[4]

Daraus leiten sich viele grundsätzliche Aufgaben für die Rechtswissenschaft, insbesondere das Wirtschafts-, Arbeits- und Verwaltungsrecht, ab. Dringend ist die Vervollkommnung der rechtlichen Regelung des Leitungsmechanismus und die konsequente Durchsetzung des Prinzips der Einzelleitung. Es ist m. E. unabdingbar, dieses Prinzip stärker unter juristischem Aspekt zu untersuchen und daraus die erforderlichen Konsequenzen abzuleiten.

Die zusätzliche Produktivkraft, die sich aus der Durchsetzung der Kooperation, insbesondere der Bildung von Produktivvereinigungen (Kombinate) ergibt – entsteht jedoch – darauf verweist Abalkin mit besonderem Nachdruck, nicht automatisch, einfach durch Verschmelzung der Fonds und der Arbeitskräfte und durch Erhöhung des Produktionsumfanges. „Sie ist das Produkt einer grundsätzlich neuen Organisation, der vereinigten Arbeit, der Ausnutzung der Möglichkeiten der Spezialisierung und Rationalisierung, der technologischen Prozesse und der Wirtschaftsbeziehungen.“[5]

Die volle Durchsetzung des Prinzips der persönlichen Verantwortung und Verantwortlichkeit unter den Bedingungen der forcierten Durchführung des wissenschaftlich-technischen Fortschritts erfordert auch die exakte Bestimmung des konkreten Umfangs und Inhalts der zu bewältigenden Aufgaben. Die Generaldirektoren unserer wichtigsten Kombinate und Großbetriebe z. B. müssen auch von der rechtlichen Regelung her in die Lage versetzt werden, sich auf die Hauptaufgabe, die Sicherung des wissenschaftlich-technischen Vorlaufs, zu konzentrieren. Das erfordert u. a. eine Einschränkung ihrer konkreten Verantwortung für die Erfüllung der ebenfalls wichtigen Tagesaufgaben. Diese Verantwortung sollte in stärkerem Maße den zuständigen Stellvertretern (Fachdirektoren) direkt zugeordnet werden, wobei dem Generaldirektor selbstverständlich nach wie vor das Recht und die Pflicht zur Kontrolle dieser Leiter zustehen muß. Vorrangig ist weiter, die genaue Fixierung der Arbeitsaufgaben in Gestalt von Funktionsplänen bzw. Aufgabenverzeichnissen konsequent durchzusetzen, wie dies der § 73 des AGB zwingend fordert. Dies ist eine Schlüsselfrage bei der Durchsetzung der wissenschaftlichen Arbeitsorganisation und damit des effektivsten Einsatzes des gesellschaftlichen Arbeitsvermögens. Dieses Ziel wird jedoch nur dann erreicht, wenn konsequent darauf geachtet wird, daß jeder Werktätige der sich aus dem Aufgabenverzeichnis erwachsende Verantwortung konkret gerecht wird. Die Durchsetzung all dieser Maßnahmen bildet ein wichtiges Glied in der Kette der Maßnahmen für die Hebung des Leitungssystems auf die Ebene der mit der wissenschaftlich-technischen Revolution zu lösenden Aufgaben.

Anmerkungen

1 E. Honecker, Aus dem Bericht des Zentralkomitees der SED (5. Tagung), Dietz-Verlag, Berlin, S. 18.
2 Vgl. dazu Abalkin, Die Leitung und ihre Reserven, Prawda, 27. 5. 1977, S. 2/3. Übersetzung, Sektion Staats- und Rechtswissenschaft, Halle, S. 10.
3 Die Leitung sozialistischer Industrievereinigungen und -betriebe, Dietz-Verlag, Berlin 1975, S. 44 f.
4 Abalkin, a.a.O. (Übersetzung, S. 2).
5 Abalkin, a.a.O. (Übersetzung S. 8).

Gottfried Bauer / Hans-Georg Krey

Der Akademie-Industrie-Komplex „Arzneimittelforschung"

Der Akademie-Industrie-Komplex (AIK) „Arzneimittelforschung" ist der kooperative Zusammenschluß des Institutes für Wirkstoffforschung (IWF) der AdW und des Institutes für Pharmakologische Forschung der pharmazeutischen Industrie (IPhF). Mit diesem Zusammenschluß wurde das Ziel verfolgt, ein gemeinsam koordiniertes Potential der Arzneimittelforschung aufzubauen, das in der Lage ist, mit höherer Qualität und Effektivität der Arbeit einen Beitrag zur Verbesserung der Versorgung der Bevölkerung mit hochwertigen Arzneimitteln zu leisten. Gleichzeitig ist dabei die anwendungsorientierte Grundlagenforschung auf ein höheres Niveau zu heben.

Zur Sicherung einer hohen Effektivität soll die im AIK zu realisierende sozialistische Gemeinschaftsarbeit darauf gerichtet sein,

- die Rationalität der Forschungstätigkeit durch gemeinsame Nutzung und Entwicklung der territorial konzentrierten materiell-technischen Basis zu erhöhen und
- die Effektivität der Forschungstätigkeit durch vertikale Verflechtung von gemeinsam zu konzipierenden und zu realisierenden Forschungslinien zu verbessern.

Prämissen für das Herangehen an die zu lösenden Aufgaben sind dabei die konsequente Konzentration der Mittel und Kräfte und das koordinierte Zusammenwirken auf der Grundlage des Planes. Dabei hat im Rahmen des AIK des IWF die Aufgabe, Ergebnisse der biowissenschaftlichen Grundlagenforschung einzubringen und nutzbar zu machen, den langfristigen Vorlauf zu sichern und Ergebnisse der Grundlagenforschung aus anderen Akademie- und Hochschuleinrichtungen für die Arzneimittelforschung adaptionsfähig zu machen.

Das IPhF hat die Augabe, die Ergebnisse dieser anwendungsorientierten Grundlagenforschung zu adaptieren, um so einen notwendigen Vorlauf im Sinne von Anschlüssen an die Arzneimittelproduktion mit dem Ziel der Überführung der Forschungsergebnisse in die Industrie zu schaffen.

Mit der Bildung des AIK „Arzneimittelforschung" am 1. 1. 1976 wurde ein Stand erreicht, zu dem in einem vorangegangenen Entwicklungsprozeß die ideologischen, wissenschaftlichen und wissenschaftsorganisatorischen Voraussetzungen geschaffen wurden. Dieser Prozeß vollzog sich über mehrere Entwicklungsetappen. Aus dem Ablauf der vorbereitenden Etappen der AIK-Bildung lassen sich folgende Erfahrungen verallgemeinern:

- Die Zusammenarbeit von relativ spezialisierten Forschungspotentialen im Rahmen der horizontalen Kooperation muß bereits in der Vorbereitungsphase einen bestimmten, möglichst hohen Reifegrad erreicht haben.

- Auf Seiten der Industrie muß das Interesse und die Bereitschaft – gestützt auf bereits gesammelte Erfahrungen – bestehen, Forschungsleistungen aus dem Akademie-Bereich zu übernehmen. Das setzt die Sicherung der Aufnahmefähigkeit für die Ergebnisse der Grundlagenforschung durch das Einbringen paßfähiger Potentiale bei der Industrie voraus.
- Im Stadium der unmittelbaren Vorbereitung des AIK ist die direkte Mitwirkung der Leitungsorgane beider Seiten (auch bei Vertragsabschluß) zweckmäßig, um die Arbeitsfähigkeit des AIK durch planwirksame Entscheidungen vor allem in Bezug auf die Entwicklung der Arbeitskräfte und materiell-technischen Basis zu sichern.

Im folgenden soll auf die Frage der Leitung, Planung und Arbeitsweise im Sinne der sozialistischen Gemeinschaftsarbeit im AIK eingegangen werden:

Für die *Leitungstätigkeit* muß man berücksichtigen, daß mit der AIK-Bildung keine neuen Institution geschaffen wurde, sondern sich zwei Institute kooperativ verbunden haben, deren Selbständigkeit voll erhalten bleibt. Daraus ergibt sich, daß für die beiden AIK-Institute keine neue Leitungsebene entstehen kann. Um jedoch ein einheitliches, koordiniertes Vorgehen in allen wichtigen Fragen der Zusammenarbeit zu sichern, wurde ein gemeinsames Leitungsaktiv gebildet. Ihm gehören die Institutsdirektoren, ihre Stellvertreter, die Leiter der Wissenschaftlichen Sekretariate, die Vertreter der SED-Parteiorganisationen und die BGL-Vorsitzenden an. Der Vorsitz wird alternierend durch den Direktor eines Institutes in der Regel für die Dauer von 2 Jahren wahrgenommen. Darüber hinaus erfolgt die wechselseitige Teilnahme an Leitungs- und Dienstberatungen der Institutsdirektoren, sofern es sich um Probleme handelt, die die gemeinsamen Interessen beider Institute berühren.

Im gemeinsamen Leitungsaktiv werden vor allem langfristig orientierte Zielstellungen, gemeinsame Projekte, Kaderentwicklung und Kaderaustausch, Fragen der Nutzung und Entwicklung der materiell-technischen Basis sowie die Durchführung gemeinsamer Veranstaltungen wie Verteidigungen, Berichterstattungen und Kolloquien beraten. Die gemeinsam getroffenen Festlegungen werden zur Grundlage von Entscheidungen im jeweiligen Partnerinstitut gemacht.

Auch die komplexe Planung wird in engem Zusammenwirken beider AIK-Institute vorgenommen. Auf der Grundlage der von den geordneten Organen übergebenen inhaltlichen Planvorgaben sowie personellen und materiellen Kennziffern erarbeiten die Vertragspartner eigene Fünfjahres- und Jahrespläne. Die Partnerinstitute koordinieren die Ausarbeitung der Pläne, die inhaltliche und terminliche Abstimmung der Planaufgaben und sichern die gemeinsamen Plandiskussionen auf der Ebene der korrespondierenden Abteilungen bzw. gemeinsam gebildeten Kollektive. Die auf diese Weise entstandenen Plandokumente werden gegenseitig ausgetauscht.

Gegenstand der Plankoordinierung sind vor allem

- die in den Verantwortungsbereichen zu lösenden Forschungsaufgaben (Inhalt, Umfang, Terminstellung, Leistungsstufen),
- die Aufgaben zur vorklinischen und klinischen Prüfung,
- die Aufgaben zur Überführung von Forschungsergebnissen an Industrie und Gesundheitswesen,
- die internationale Forschungskooperation sowie
- die erforderlichen personellen, materiellen und finanziellen Fonds.

Die AIK-Partner gewährleisten eigenverantwortlich die Plankontrolle über die qualitäts- und termingerechte Durchführung der Forschungsarbeit, besonders hinsichtlich gemeinsamer Projekte und Überführungsaufgaben. Entstehen Planabweichungen bzw. werden Planänderungen notwendig, informieren sich die Vertragspartner so rechtzeitig, daß sie geeignete Maßnahmen festlegen können.

Die Verbesserung der Überführung und Nutzung von Forschungsergebnissen bildet einen Schwerpunkt der Arbeit des AIK, weil damit letztendlich die Erfüllung der eigentlichen Zielstellung des AIK berührt wird. Vom Standpunkt der Arbeitsweise ist dabei wichtig, daß trotz der Beibehaltung der Selbständigkeit beider Institute jeder Partner nach außen *spezifische* Aufgaben des AIK wahrnimmt.

Während das Akademie-Institut Kooperationsbeziehungen nach außen vor allem zu weiteren Einrichtungen der Grundlagenforschung unterhält und ausbaut, um deren Ergebnisse für den AIK verwertbar zu machen, soll das Industrie-Institut die Zusammenarbeit mit den Betrieben der pharmazeutischen Industrie entwickeln, um über Wirtschaftsverträge die Forschungsleistungen des AIK an die Industrie zu überführen.

Voraussetzung für das abgestimmte Wirksamwerden nach außen ist eine gut funktionierende Zusammenarbeit zwischen den Kollektiven im AIK.

- Die Entwicklung der Gemeinschaftsarbeit zwischen den korrespondierenden Abteilungen der Institute auf der Grundlage abgestimmter und paßfähiger Institutsstrukturen.
- Die Schaffung gemeinsamer Kollektive, die durch Mitarbeiter aus beiden Instituten gebildet werden.

Derartige Struktureinheiten werden dem Institut, das jeweils die besseren Voraussetzungen mitbringt, fachlich und disziplinarisch zugeordnet und von den Stellenplänen der Institute getragen. Solche gemeinsamen Kollektive erweisen sich insbesondere dort als vorteilhaft, wo absehbar über mehrere Jahre Aufgaben, an denen beide Institute gleichermaßen interessiert sind (z. B. Querschnittsaufgaben), gelöst werden müssen. Arbeitsaufgaben und Leitung gemeinsamer Kollektive werden im Leitungsaktiv des AIK beraten und vereinbart.

Die Leistungsfähigkeit der Kollektive steht und fällt mit der Qualität der Kaderarbeit. Zur Realisierung der angestrebten Vorteile der Gemeinschaftsarbeit im Rahmen des AIK werden bereits erprobte Methoden der Aus- und Weiterbildung gezielt weitergeführt und neue Formen der Kaderentwicklung und des Kaderaustausches notwendig. Sie müssen gewährleisten, die Fähigkeit der Mitarbeiter entsprechend dem Fortgang der Forschungsarbeit von der Grundlagenforschung bis zur industriellen Anwendung sowohl aus interdisziplinärer als auch disziplinärer Sicht zu vertiefen.

Zur Beschleunigung der Überführung und Einführung von Forschungsergebnissen in die Praxis sichern die Institute, daß Kader, die maßgebend an der Entwicklung bestimmter Forschungsergebnisse beteiligt sind, diese auch bis zur Produktionsreife weiter bearbeitet können. Die zielgerichtete Entwicklung der Kader wird insbesondere erreicht durch

- die gemeinsame Nutzung der Möglichkeiten der Aus- und Weiterbildung (Lehrgänge, Kolloquien, Facharztausbildung),
- den planmäßigen Kaderaustausch zwischen dem Akademie-Institut und dem Industrie-Institut und

- die koordinierte Nutzung von Möglichkeiten des internationalen Kaderaustausches, vor allem mit der UdSSR.

Welches sind nun die ersten Erfahrungen, die sich in der Arbeit des AIK „Arzneimittelforschung" gezeigt haben? Dazu gehört vor allem das erreichte Niveau der inneren Konsolidierung des AIK selbst. Fortschritte wurden hier erreicht auf den Gebieten

- der gemeinsamen Nutzung der vorhandenen materiell-technischen Basis,
- der gemeinsamen Vorbereitung und Realisierung von Investitionsmaßnahmen,
- der Bildung gemeinsamer Kollektive sowie
- der Entwicklung des Kaderaustausches zwischen den AIK-Partnern.

Als eindeutigen Fortschritt muß man auch den Abschluß eines langfristigen Kooperationsvertrages über die Zusammenarbeit auf dem Gebiet der Forschung mit dem VEB Berlin-Chemie als bedeutendstem Arzneimittelproduzenten im Berliner Raum werten. Mit diesem Kooperationsvertrag verpflichten sich beide Partner, Produktionsprofil und Forschungsprofil schrittweise einander anzupassen.

Auf dem Gebiet der eigentlichen Forschungstätigkeit ist das inhaltliche Zusammenwirken im AIK differenziert einzuschätzen. Als erstes muß man eindeutig hervorheben, daß eine Reihe von potentiellen Pharmaka im Entstehen begriffen ist, die zu einer Verbesserung der Versorgung der Bevölkerung mit Arzneimitteln beitragen werden. Andererseits kann jedoch der gegenwärtig erreichte Stand in der vertikalen, sequentiellen Verbindung der Grundlagenforschung des Akademie-Institutes und der angewandten Forschung des Industrie-Institutes in bezug auf die Realisierung von gemeinsamen Forschungsleistungen noch nicht befriedigen. Hier kann und muß der AIK „Arzneimittelforschung" sich noch steigern.

Welche Probleme sehen wir, bei denen die rechtswissenschaftliche Forschung bei der vollen Ausschöpfung der Möglichkeiten und Weiterentwicklung des AIK „Arzneimittelforschung" helfen kann?

1. Unter dem Stichwort „Leitungstätigkeit" war die Rolle des gemeinsamen Leitungsaktivs (gegenwärtig erreichter Stand) im AIK „Arzneimittelforschung" aufgezeigt worden. Wenn man jedoch die dem AIK vom Direktor des Forschungszentrums für Molekularbiologie und Medizin und vom Generaldirektor der VVB Pharmazeutische Industrie gestellte Aufgabe der Erhöhung der Effektivität der Forschungstätigkeit durch Verstärkung des Grades der vertikalen, sequentiellen Verflechtung zwischen den Struktureinheiten im AIK gerecht werden will, zeigt sich ein Widerspruch. Dieser Widerspruch drückt sich in der Aufgabenstellung zur Erhöhung des Integrationsgrades im AIK auf der einen Seite und der dieser Aufgabenstellung für die Zukunft absehbar nicht mehr angemessenen Wahrnehmung der Leitungsfunktion auf der anderen Seite aus.

Es fällt nicht schwer das einzusehen, wenn man z. B. bedenkt, daß auf den Beratungen des gemeinsamen Leitungsaktivs, die in der Regel in Abständen von einem Quartal stattfinden, natürlich nur Grundfragen des Zusammenwirkens behandelt werden können und demzufolge die vielen wichtigen aktuellen Leitungsinformationen durch jede Institutsleitung separat auf ihren Leitungs- und Dienstberatungen an die Struktureinheiten weitergegeben werden. Unter diesem Aspekt wäre die Frage aufzuwerfen, ob unter Beibehaltung der juristischen Selbständigkeit der beiden Institute Leitungsformen für den

AIK denkbar wären, die einen höheren Grad der Verbindlichkeit, der zeitlichen und organisatorischen Dichte der nach wie vor gemeinsam zu treffenden Entscheidungen gewährleisten. Vorstellbar wäre eine Skala der Möglichkeiten, die von in der Regel gemeinsam durchzuführenden Dienstbesprechungen mit den Struktureinheiten beider Institute unter alternierendem Vorsitz bis zum gemeinsamen Direktorium des AIK reicht. Ziel dieser Überlegungen – um es zu wiederholen – ist die Erreichung eines Maximums an Effektivität bei der gemeinsamen Entwicklung neuer Arzneimittel und eines Minimums an Reibungs- und Informationsverlusten.

2. Unter dem Stichwort „Planung / Plankontrolle“ wurde die Gemeinsamkeit im AIK „Arzneimittelforschung“ zur Bewältigung dieser Aufgabenkomplexe herausgearbeitet worden. Es gibt hier jedoch auch Probleme, wo bestimmte Erschwernisse in der Zusammenarbeit zu erwarten sind. Diese Erschwernisse ergeben sich aus unterschiedlichen Planungsalgorithmen, die wiederum unterschiedlichen Unterstellungsverhältnissen geschuldet sind. Die Abweichungen in der Planung und Plankontrolle zeigen sich

- in nichtübereinstimmenden Terminstellungen zum Planungsablauf,
- in unterschiedlichen methodischen Regelungen zur Planung und Planabrechnung und
- in speziellen Anforderungen, die sich aus der wirtschaftlichen Rechnungsführung des Industrie-Institutes ergeben.

Gegenwärtig ist noch nicht voll absehrbar, ob sich aus den genannten Erschwernissen prinzipielle Anforderungen nach Veränderungen rechtlicher oder organisatorischer Normative der Planung ableiten.

3. Die sozialistische Gemeinschaftsarbeit im AIK „Arzneimittelforschung“ drückt sich auf dem Gebiet der Kaderarbeit u. a. in der Schaffung gemeinsamer Kollektive aus, also Struktureinheiten, die von beiden Instituten stellenplanmäßig getragen und kadermäßig besetzt werden sowie im gezielten Austausch von Kadern.

Dieses vom Standpunkt der effektiven Bewältigung der Forschungsaufgaben notwendige Prinzip stößt jedoch in der praktischen Umsetzung auf Schwierigkeiten, weil für die AIK-Institute unterschiedliche Tarifsysteme bestehen. Das führt dazu, daß Mitarbeiter mit gleichen Leistungen unterschiedlich entlohnt werden. Es geht sogar soweit, daß der Leiter einer gemeinsamen Arbeitsgruppe, der dem Industrie-Institut angehört, geringer entlohnt wird als ein Mitarbeiter dieser Arbeitsgruppe, der vom Akademie-Institut delegiert wurde. Ähnlich sieht es bei Prämienregelungen aus. Es ist also festzustellen, daß das Leistungsprinzip bzw. das Prinzip der materiellen Interessiertheit nur eingeschränkt bzw. gar nicht wirksam werden. An die Rechtswissenschaft würden wir daraus die Fragestellung formulieren, welche neuen arbeitsrechtlichen bzw. vertragsrechtlichen Normative entwickelt werden können, um die aufgezeigten Widersprüche zu überwinden unter der Bedingung, daß die zu findende Lösung der Tatsache des kooperativen Zusammenschlusses der beiden Institute Rechnung tragen muß.

4. Die Wirksamkeit des AIK nach außen wird maßgeblich durch die Fragestellung bestimmt, welche die zweckmäßigste, d. h. den wissenschaftlichen Fortschritt fördernde Rechtsform seiner Verknüpfung mit Partnern sowohl auf der Industrie-Seite als auch auf der Seite der Einrichtungen der Akademie und des Hochschulwesens ist. Im AIK-Grundlagenvertrag ist die rechtliche Selbständigkeit beider AIK-Institute fixiert mit der Konsequenz, daß – es sei noch einmal wiederholt – jedes Institut nach außen für sich als Vertragspartner auftritt. Es wurde darüber hinaus der Grundsatz formuliert, daß das

Akademie-Institut Kooperationsbeziehungen zu den Einrichtungen der Grundlagenforschung herstellt, während das Industrie-Institut diese Beziehungen zu den Produktionsbetrieben der pharmazeutischen Industrie eingeht.

Diese an sich logische Aufgabenabgrenzung stößt in der Praxis auf Schwierigkeiten, weil mit zunehmendem Grad der sequentiellen Verflechtung und Arbeitsteiligkeit zwischen den beiden Instituten sich dieses Prinzip nicht durchhalten läßt. Es steht deshalb das aktuelle Problem, gemeinsam mit der Rechtswissenschaft Lösungswege zu finden, welche die AIK-Einheit nach außen sichern und die juristische Selbständigkeit im Innenverhältnis beibehalten. Allgemein formuliert geht es uns darum, den im AIK „Arzneimittelforschung" inhaltlich sich objektiv vollziehenden Prozeß der Erhöhung des Integrationsgrades von der Seite des Rechts zu fördern, ohne die Grundkonstruktion des AIK als Organisationsform der Forschungskooperation zu verlassen.

Ein inhaltlich anderer, weiterführender Aspekt des Grundgedankens, die Überführung von Forschungsleistungen zu erleichtern bzw. zu vereinfachen, ist die Überlegung, gegebenenfalls auch produzierende Einheiten in den AIK mit einzubeziehen. Gegenwärtig halten wir die Zeit noch nicht reif dafür.

Alles in allem geht es darum, die Möglichkeiten des AIK jetzt und in Zukunft voll auszuschöpfen.

Dietmar Seidel

Möglichkeiten und Grenzen des sozialistischen Rechts bei der Stimulierung schöpferischer Arbeit auf dem Gebiet des wissenschaftlich-technischen Fortschritts

Im Bericht des ZK der SED an den IX. Parteitag wurde die Notwendigkeit unterstrichen, „auf kommunistische Art und Weise an die Beurteilung der Plankennziffern heranzugehen und genau zu analysieren, worin die wirklichen Ursachen für ihre Erfüllung bzw. Nichterfüllung liegen".

Und es heißt dann weiter: „Wo dies auf Kosten einer nicht dem Bedarf genügenden Produktion oder der Qualität geschehen ist, sollten entsprechende Schlußfolgerungen für die Beurteilung der Leistungen gezogen und Maßnahmen zur Veränderung eingeleitet werden. Das sind bereits schon nicht mehr allein Fragen der Gestaltung der Kennziffern und der Abrechnung, sondern Fragen des gesellschaftlich verantwortungsbewußten Verhaltens."[1] Dieses gesellschaftlich verantwortungsbewußte Verhalten der Leiter und aller Werktätigen bestimmt in zunehmendem Maße den Wirkungsgrad neuer wissenschaftlich-technischer Lösungen und Leistungen, weil es

a) nicht schlechthin darum geht, wissenschaftlich-technische Neuerungen produktionswirksam zu machen, sondern auf den wirtschaftlich entscheidenden Gebieten das Spitzenniveau zu bestimmen oder mitzubestimmen;

b) darum geht, in kürzester Zeit wissenschaftlich-technische und technologische Erkenntnisse produktionswirksam zu machen und dies nicht gemächlichen Schrittes zu tun,

c) schließlich darum geht, die dem wissenschaftlich-technischen Fortschritt innewohnende Dynamik zum Nutzen der Gesellschaft schöpferisch zu fördern und nicht an Maßstäben – auch rechtlichen – zu messen, die gestern noch richtig waren, heute aber hemmen und morgen neue wissenschaftlich-technische Leistungen unmöglich machen.

Damit ist weder etwas gegen Kennziffern und andere Regelungen gesagt – es ist vielmehr die Frage aufgeworfen, wie es auch mit den Mitteln des sozialistischen Rechts zunehmend besser gelingt, den wissenschaftlich-technischen Fortschritt und die gesellschaftliche Nutzung seiner Resultate für jeden Betrieb, jedes Kombinat, jeden Leiter und jeden Werktätigen zu der ausschlaggebenden Orientierungsziffer zu machen. Das ist nicht nur ein ökonomisches Stimulierungsproblem. Kurt Hager mußte erst unlängst feststellen, daß das Tempo der Überführung wissenschaftlich-technischer Forschungsergebnisse bei weitem nicht befriedigen kann, daß lieber risikolose Einzelthemen geplant werden, weil anspruchsvolle Zielstellungen stets dann, wenn sie objektiv nicht termingerecht oder hundertprozentig erreicht werden können, bei der materiellen und ideellen (auch rechtlichen) Anerkennung entschieden schlechter abschneiden. Er zeigte auf, daß ein beträchtlicher Teil von Patentanmeldungen wegen fehlender Neuheiten, mangelndem erfinderischen Gehalt und ungenügendem technischen Fortschritt zurückgewiesen werden muß.[2] Dies alles sind auch Rechtsfragen: Es sind Fragen der Gestaltung der Rechtsverhältnisse, der Verantwortungsbeziehungen, der Rechte und Pflichten und natürlich der rechtlichen Verantwortlichkeit für nichterfüllte Pflichten. Es sind Fragen danach, was das sozialistische Recht an objektiven Forderungen des wissenschaftlich-technischen Fortschritts in sich aufnimmt und verwirklichen hilft, um als staatliches Leitungsinstrument den wissenschaftlich-technischen Fortschritt wirkungsvoller durchsetzen zu helfen. Das sozialistische Recht steht in allen seinen Zweigen vor der Aufgabe, den Fragen der Verantwortung des einzelnen und der betrieblichen Kollektive für die Durchsetzung des wissenschaftlich-technischen Fortschritts und den Fragen der strikten Verantwortlichkeit für nichtwahrgenommene Rechte und Pflichten in diesem Prozeß verstärkte Aufmerksamkeit zu widmen.

Der wissenschaftlich-technische Fortschritt mit seinen hervorragenden Potenzen für die weitere Entwicklung des materiellen und kulturellen Lebensniveaus des Volkes bildet einen entscheidenden Indikator dafür, ob und inwieweit das Handeln der Menschen von Verantwortung getragen ist. Eine solche Indikatorfunktion spielen m. E. wirtschaftliche Effektivität und wissenschaftlich-technische Optimalität. Handlungen, die dem äußeren Anschein nach Merkmale des Verantwortungsvollen tragen – Plankennziffern werden erfüllt, die vorgesehene Leistung erbracht, die Qualität nachgewiesen – die aber am Maßstab der Erfordernisse des wissenschaftlich-technischen Fortschritts, seinen Entwicklungsstand und Möglichkeiten gemessen, uneffektiv, unrationell und mit einem viel zu hohen Aufwand erreicht wurden, können weder aus moralischer noch aus rechtlicher Sicht mit positiven Werten belegt werden. Sie sind daher nicht verantwortungsvoll.

Der im sozialistischen Zivilrecht formulierte Grundsatz, daß die Ausübung von Rechten – und ich möchte hinzufügen, die Wahrnahme der Pflichten – stets entsprechend ihrem gesellschaftlichen Inhalt und ihrer sozialen Zweckbestimmung erfolgen muß, bildet m. E. den Kern der Prüfung von Verantwortung und Verantwortlichkeit im sozialistischen Recht insgesamt.

Das alles verlangt, daß neue Aspekte und Erfordernisse, die dem wissenschaftlich-technischen Schaffensprozeß direkt eigen sind, auch im Recht und vom Recht stärker berücksichtigt werden. Das den Entscheidungen und Handlungen zur Durchsetzung des wissenschaftlich-technischen Fortschritts imanente Schöpfertum darf z. B. nicht dann, wenn es mit negativen Resultaten verknüpft ist, rechtlich abgewertet werden. Rechte und Pflichten müssen Disponibilität gewähren und Verantwortlichkeiten müssen dort und nur dort eintreten, wo *verantwortungslos* gehandelt wurde. Wissenschaftlich-technische und technologische und damit naturwissenschaftliche Gesetzmäßigkeiten müssen stärker bei der rechtlichen Wertung beachtet werden. Den Rechtsnormen im Technikbereich ist eine entschieden größere Aufmerksamkeit zu widmen. Einheitliche Maßstäbe rechtlicher Verantwortlichkeit müssen einsetzen, wo nichterfüllte Pflichten oder nicht wahrgenommene Rechte festgestellt werden. Das sozialistische Recht muß sich insgesamt stärker mit den ökonomisch-materiellen Prozessen verbünden, so daß Rechtsforderungen und materielle Interessen konform gehen und nicht auseinanderlaufen.

Was die Frage nach der rechtlich richtigen Wertung schöpferischer wissenschaftlich-technischer Prozesse betrifft, so hat das sozialistische Recht wenigstens 2 grundlegende Faktoren zu berücksichtigen.

1. Die gesellschaftliche Funktion und Spezifik schöpferischer Arbeit zur Durchsetzung des wissenschaftlich-technischen Fortschritts, besteht wesentlich darin, „die Entdeckung bislang unbekannter Zusammenhänge und Gesetzmäßigkeiten in der objektiven Reali-

tät, ... die Vervollkommnung oder Neubildung wissenschaftlicher Theorien ..., die Erweiterung des Erkenntnishorizonts der Gesellschaft und ihrer Möglichkeiten zur praktischen Nutzung des theoretischen Wissens“[3] zu sichern. Daraus folgt konsequenterweise für das sozialistische Recht, daß es Handlungen der Menschen fordert und fördert, die diesen sozialen Ansprüchen gerecht werden und seine Wertung an diesen Ansprüchen orientiert.

2. hat das sozialistische Recht zu sichern, daß Schöpfertum nicht schlechthin erlaubt ist – etwa die schöpferisch-riskante Entscheidung weder einen moralischen, noch arbeitsrechtlichen, noch strafrechtlichen, noch wirtschaftsrechtlichen usw. Nachteil mit sich bringt, sondern positiv stimuliert wird, d. h. mit sichtbaren, auch materiellen Vorzügen und Vorteilen verbunden ist. Hier bieten sich m. E. vielfältige Lösungen an, die von den Rechtszweigen insgesamt erbracht werden können und nicht isoliertes Thema eines Rechtszweiges sein dürfen.

Was die Frage nach dem disponiblen Entscheidungsrahmen anbelangt, der durch Rechte und Pflichten – vielleicht auch neuen Typs – zu bestimmen ist, so geht es im Kern darum, weniger die Einzelaktion rechtlich verbindlich vorzuschreiben, als vielmehr grundlegende Ansprüche an das Niveau der Pflichterfüllung zu fixieren und bei verschuldetem Unterschreiten dieses Niveaus konsequent rechtliche Verantwortlichkeit vorzusehen.

Die immer wieder festgestellte Situation, daß wohl der Anlagenfahrer, der einen materiellen Schaden verursacht hat, rechtlich verantwortlich gemacht wird, kaum aber der Leiter, der eine weittragende wissenschaftlich-technische Fehlentscheidung traf, hat m. E. ihre Ursache auch darin, daß in zu geringem Maße die jeweiligen Verantwortungsinhalte als Maßstab für den Eintritt rechtlicher Verantwortlichkeit gelten, als vielmehr vordergründige Parameter: wie sichtbarer unmittelbarer Schaden, sichtbare und offenkundige Pflichtverletzung u. a. m. Große Rechte sind mit großen Pflichten verbunden – diese bereits vom XXIV. Parteitag der KPdSU getroffene Feststellung verlangt, daß echte Pflichtwidrigkeiten und juristisch feststellbare Pflichtverletzungen wie etwa

- die verantwortungslose Verzögerung in der Überleitungsphase,
- das Nichtorientieren am wissenschaftlich-technischen Höchststand,
- die Entscheidung für risikolose Einzelthemen, anstelle real möglicher anspruchsvoller Zielstellungen,
- wie die Verzögerung im Entwicklungsprozeß, obwohl reale Möglichkeiten und wirtschaftliche Erfordernisse ein Überspringen gestatten

auch als solche ausgewiesen und mit klaren rechtlichen Konsequenzen versehen werden.

Was schließlich die Forderung betrifft, daß naturwissenschaftlich-technische Gesetzmäßigkeiten, die im wesentlichen Gesetzmäßigkeiten des wissenschaftlich-technischen Erkenntnisprozesses sind, stärker als Problem des sozialistischen Rechts erfaßt werden müssen, so ist m. E. von folgenden Positionen auszugehen:

1. Rechtsvorschriften im Technikbereich haben die gleichen Ziele und Funktionen wie das sozialistische Recht überhaupt. Die Fixierung technischer Parameter bildet die spezifische Form, in der die Gestaltung wesentlicher Bereiche der sozialistischen Gesellschaft nach einheitlichen, allgemeinverbindlichen, wirtschaftlichen, optimalen usw. Prinzipien bzw. Algorithmen erfolgt und nach dem Willen des sozialistischen Staates zu erfolgen hat. Der jeweils höchste Erkenntnisstand und die für die Gesellschaft effektivste Lösungsart sind in der Gestalt verbindlicher Normen aufgehoben, wobei als spezifisches Aus-

drucksmittel technische, technologische, mathematische usw. Parameter verwandt werden. Dies aber ändert an der sozialen und Klassenfunktion, am Charakter und an den Aufgaben dieser Normen überhaupt nichts. Es läßt sie daher auch nicht schlechthin zu „technischen Normen“ werden, sondern charakterisiert sie als Rechtsnormen im Technikbereich. Diese Rechtsnormen im Technikbereich sind wesentlich dadurch, daß sie einen ungemein dynamischen Regelungsbereich betreffen, im besonderen Maße mit der Tatsache konfrontiert, daß gesellschaftliche, ja selbst individuelle Erkenntniszunahme und damit Effektivitätsgewinn kurzfristig zu allgemeingültigen Handlungsmaßstäben werden müssen. Insoweit spiegelt sich eine allgemeine Problematik in diesem Bereich unmittelbar und mit hoher Geschwindigkeit auftretend, wider.

Die Aufgabe, die das sozialistische Recht dabei grundlegend zu lösen hat, besteht darin, ein stetig den Fortschritt bewirkendes schöpferisches Handeln der Menschen zu bewirken, das der Zielfunktion sozialistischen Rechts generell entspricht. Sie besteht zugleich darin, die Allgemeinverbindlichkeit und Stabilität der Rechtsnormen im Technikbereich zu sichern und damit Zuwiderhandlungen eindeutig als Rechtsverletzungen mit den daran geknüpften Rechtsfolgen behandeln zu können. Sie besteht darin, zu sichern, daß Rechtsnormen, die die Entwicklung hemmen, rechtzeitig und unkompliziert außer Kraft gesetzt und durch neue ersetzt werden. Durch die Gestaltung flexibler Rechte und Pflichten, die an Sachfragen des wissenschaftlich-technischen Fortschritts orientiert sind, ist zu gewährleisten, daß das Neue zum Durchbruch gelangt und schnell Nutzen für die Gesellschaft bringt. Schließlich werden im Technikbereich stets auch *Sonderregelungen*[4] erforderlich sein, die insbesondere partielle oder zeitweise Widersprüche schnell und unkompliziert lösen helfen. Indes darf nicht eine Rechtssituation eintreten, die in bestimmten Industriebereichen dadurch gekennzeichnet ist, daß vor allem mit Sonderregelungen gearbeitet und das normalerweise gültige Recht außer Kraft gesetzt wird.

Eine derartige Rechtssituation ist geeignet, Fehlvorstellungen von den Funktionen des sozialistischen Rechts zu wecken und zu erhalten und letztlich im Recht eine Erscheinung zu sehen, die man möglichst „ausmanövrieren“ sollte. „Das Recht aber muß die wissenschaftlich-technische Revolution regeln und die Entwicklung in Wissenschaft und Technik voll nutzen ... Der Kern des Problems liegt darin, wie der sozialistische Staat mit Hilfe des Rechts die Prozesse der Entfaltung der wissenschaftlich-technischen Revolution in allen Beziehungen und Zusammenhängen des Lebens unserer Gesellschaft regeln und gewährleisten wird. Die Forderung der weiteren Festigung und Entwicklung des Sozialismus ist hierbei der kategorische Imperativ. Nur von diesem Gesichtspunkt aus muß das Recht, als Instrument der staatlichen Politik, der Entwicklung der wissenschaftlich-technischen Revolution, Wege erschließen und gleichzeitig ihre Wirkung in der Gesellschaft limitieren (damit in optimalem Maße die materiell-technischen, ideologischen, moralischen, kadermäßigen Faktoren und die Faktoren der wissenschaftlichen Erkenntnisse u. a. als Faktoren der Automation und der Optimierung der Leitungs- und Produktionstätigkeiten ausgenutzt werden und damit gleichzeitig unerwünschte gesellschaftliche Folgeerscheinungen vermieden werden.“[5] „Die weitere Entwicklung der Arbeiterklasse“ – so formuliert das Programm unserer Partei – „vollzieht sich vor allem im Kampf für die Steigerung der Arbeitsproduktivität, für die Verwirklichung der wissenschaftlich-technischen Revolution, im sozialistischen Wettbewerb, in der Neuererbewegung, in der aktiven Teilnahme der Arbeiter an der Leitung und Planung und an der weiteren Vervollkommnung der sozialistischen Demokratie. Dabei entwickeln sich immer stärker Schöpfertum, Initiative, Kollektivität, Drang nach Bildung, gesellschaftliches Verantwortungsbewußtsein, gegenseitige Hilfe und kulturvolle Lebensweise."[6]

Damit sind sowohl Werte, denen die Arbeiterklasse eine hohe gesellschaftliche Bedeutung beimißt, formuliert, als auch Maßstäbe für verantwortungsvolles Handeln der Menschen in der entwickelten sozialistischen Gesellschaft gesetzt. Der Beitrag des einzelnen und von Kollektiven von Werktätigen zur Durchsetzung des wissenschaftlich-technischen Fortschritts wird in zunehmendem Maße zum Kriterium dafür, ob dieses Handeln in der sozialistischen Staats- und Gesellschaftsordnung den Ansprüchen an verantwortungsvolles Verhalten gerecht wird. Die das Wesen des wissenschaftlich-technischen Fortschritts grundlegend bestimmenden Elemente – Dynamik des Prozesses, Hervorbringen neuartiger Lösungen, zunehmende Kompliziertheit und Komplexität der Prozesse, Schöpfertum und Entscheidungsmut als unabdingbare subjektive Komponenten der Durchsetzung des wissenschaftlich-technischen Fortschritts – und andere Faktoren mehr gewinnen auch für das sozialistische Recht zunehmend an Bedeutung. Das geschieht dergestalt, daß die Rechtsverhältnisse, die Rechte-Pflichten-Strukturen und die Maßstäbe für Verantwortung als sozialer Forderung und rechtlicher Verantwortlichkeit von daher wesentlich bestimmt werden.

Wenn Schüßler[7] die Forderung erhebt, den Fragen der Verantwortung, Verantwortlichkeit und Schuld in allen Rechtszweigen größere und grundlegende Beachtung zu widmen und damit den Auftrag verbindet, „tiefgründigere theoretische Analysen unserer gegenwärtigen sozialistischen Praxis ... sowie wissenschaftliche Verallgemeinerungen, die das Problem in seiner gesamtgesellschaftlichen Relevanz erfassen und damit auch einen Teil der Persönlichkeitsentwicklung und -formung unter den Bedingungen der Gestaltung der entwickelten sozialistischen Gesellschaft theoretisch klarer widerspiegeln[8]", vorzunehmen, so besteht eine wesentliche Verpflichtung sicher darin, verantwortungsbewußtes, schöpferisches Handeln der Menschen in den entsprechenden Schaffensbereichen und überhaupt in der sozialistischen Gesellschaft stärker denn je rechtlich zu fordern und zu fördern.

Verantwortung ist die Forderung an den Menschen, sagt Hörz, Konsequenzen seiner möglichen Entscheidungen zu überschauen, schädliche Folgen zu verhindern, progressive zu fördern, das Handeln auf der Grundlage der Entscheidungen in seinen Ergebnissen auszuwerten und daraus Konsequenzen für weiteres Verhalten zu ziehen. Für die Verantwortung ist damit nicht nur das den gesellschaftlichen Normen entsprechende Handeln entscheidend, sondern vor allem die sachkundige Entscheidung als Grundlage dieses Handelns.[9] Hörz hebt mit vollem Recht gerade die aus der dialektischen Betrachtung der gesellschaftlichen Entwicklung und daraus an das Handeln der Menschen sich ergebenden Konsequenzen hervor: die objektiven gesellschaftlichen Gesetze und daraus resultierende gesellschaftliche Erfordernisse, Ausrichtung des Handelns an diesen Erfordernissen unter Beachtung geltender Normen und damit Verwirklichung individueller Freiheit im Rahmen des gesellschaftlich Notwendigen.

Der soziale Inhalt der Verantwortung des Menschen der sozialistischen Gesellschaft wird wesentlich von solchen Faktoren bestimmt, die der Entwicklung und Festigung der sozialistischen und kommunistischen Gesellschaftsordnung dienen.

Nimmt man die grundlegenden objektiven gesellschaftlichen Erfordernisse zum allgemeinen Maßstab der Wertung menschlichen Handelns, so gelingt es zunehmend besser, den tatsächlichen Beitrag des einzelnen Menschen und auch von Kollektiven zur Entwicklung der Gesellschaft zu erkennen und das Handeln der Menschen an den geschichtlich entscheidenden Aufgabenstellungen auszurichten. Zugleich wird dadurch erreicht, daß Scheinaktivitäten, Verharren in überholten Positionen, unschöpferische Verhaltensweisen und Handlungen des „Absicherns“ und „Abschiebens“ jeglicher Verantwortung rascher erkannt und ausgemerzt werden können. Je weiter die gesellschaftliche Entwicklung im Sozialismus voranschreitet, um so mehr wird verantwortliche Mitarbeit aller Werktätigen an der Leitung der Gesellschaft, des Staates und der Wirtschaft zum bestimmenden Lebenselement des Sozialismus und damit zum festen Bestandteil sozialistischer Lebensweise. Die sozialistischen Produktionsverhältnisse und die politische Macht der Arbeiterklasse ermöglichen nicht nur diese Mitarbeit, sondern erfordern sie.

Die neuen Dimensionen der Verantwortung, die im Handeln der Produzenten, der Forscher, der Verantwortlichen für die Überleitung von Ergebnissen der Forschung in die Produktion, der Leiter und aller Werktätigen zum Tragen kommen müssen, stellen an das sozialistische Recht Anforderungen, die in verstärktem Maße die Dynamik, in gewissen Grenzen auch Ungewißheit, jedenfalls aber Neuartigkeit von Lösungen und Leistungen des wissenschaftlich-technischen Fortschritts berücksichtigen müssen. Die rechtliche Erfassung und Bewertung von Leistungen des wissenschaftlich-technischen Fortschritts beispielsweise hat zu sichern, daß das Handeln der Menschen in jene Richtungen gelenkt wird, die für die Volkswirtschaft der DDR, den einzelnen Betrieb und den konkreten Werktätigen vorteilhaft sind. „Neue Ideen, effektivitätsträchtige Erfindungen, ökonomisch interessante wissenschaftlich-technische Lösungen müssen in kurzen Entwicklungszeiten erschlossen und unverzüglich ökonomisch verwertet werden. Diese generelle Aufgabenstellung erfordert, daß wesentlich mit dem spezifischen Mitteln des sozialistischen Rechts Einstellungen und Handlungsbereitschaften bei den Menschen erzeugt werden, die der Durchsetzung des wissenschaftlich-technischen Fortschritts dienen, seinen Forderungen und Notwendigkeiten direkt verpflichtet sind.

Menschliches Schöpfertum, Verantwortungsbereitschaft und kühnes Handeln sind nicht mehr schlechthin ein Problem wünschenswerter Initiativen, sondern eine Aufgabe der planmäßigen Organisation dieses wichtigsten Wachstumsfaktors mit Hilfe der der sozialistischen Gesellschaft zur Verfügung stehenden Leitungsmittel und damit auch des sozialistischen Rechts als eines der bedeutendsten.

Eine spezifische Erscheinungsform menschlichen Schöpfertums bildet die des Risikos, des bewußten Entscheidens und Handelns unter Bedingungen der Unbestimmtheit und damit der Tatsache, daß auf das Endergebnis eine Menge von Faktoren einwirken, die nicht mit hinreichender Genauigkeit berücksichtigt werden können. Dies wiederum bedingt, daß die Verläufe und Resultate derartiger Entscheidungen und Handlungen nur in Wahrscheinlichkeitsgraden vorherbestimmbar sind. „Solche kritischen Situationen lassen sich praktisch nicht ausschließen“[10] – stellt Afanasjew aus leitungstheoretischer Sicht fest und er verweist darauf, daß bei der Entscheidungsfällung ehemals gewonnene Erfahrungen, die Kenntnis analoger Situationen, die Intuition des Leiters und seine Fähigkeit, ein zulässiges Risiko einzugehen, eine entscheidende Rolle spielen. Die Bestimmung eben jenes zulässigen Risikos ist eine Aufgabe, die das gesamte sozialistische Recht zu lösen hat. Es geht im Kern darum, die schöpferischen Potenzen aller Menschen zielgerichtet zu entwickeln und solche Entscheidungen zu fordern und rechtlich auch zu fördern, die in kluger, umsichtiger und verantwortungsbewußter Abwägung aller erkennbaren Einflußfaktoren eine gesellschaftlich und individuell optimale Handlungsvariante bewirken. *Die Aufgaben, die das sozialistische Recht hierbei zu lösen hat, besteht darin, Verantwortungsmaßstäbe zu fixieren,* die dem Handlungstyp Risiko, seiner originären

Verbindung mit Schöpfertum, Unbestimmtheit und Wahrscheinlichkeits-Charakteristika gerecht werden.

Die komplexe rechtliche Erfassung des gerechtfertigten Risikos als Typ menschlichen Handelns und verantwortungsvollen Lösens neuer Probleme ist nur eine Form der Stimulation schöpferischen Handelns. Sie muß einhergehen mit einem System gezielter Maßnahmen, namentlich der ökonomischen Stimulation schöpferischen Handelns, mit vielfältigen Maßnahmen der materiellen und moralischen Anerkennung für hervorragende Leistungen auf dem Gebiet des wissenschaftlich-technischen Fortschritts, mit Vorteilen für Betriebe und Kombinate auf dem Gebiet der Preisbildung und bei der Abrechnung der Planaufgaben, mit Vorteilen schließlich für den einzelnen, weil damit die für die sozialistische Gesellschaft kennzeichnende Interessenharmonie zwischen Gesamtgesellschaftlichem, Kollektivem und Persönlichem leitungsmäßig hergestellt wird. Das ist nicht nur ein im nationalen Rahmen zu lösendes Problem, sondern es betrifft auch und ganz wesentlich den sich erweiternden Prozeß internationaler Wissenschaftskooperation zur schnellen Durchsetzung des wissenschaftlich-technischen Fortschritts. Auch hier wird eine höhere Effektivität im zwischenstaatlichen Forschungsprozeß darin gesehen, daß den eigenständigen Problemen der Unbestimmtheit und des Risikos vertragsrechtlich besondere Aufmerksamkeit gewidmet wird. Dies setzt, wie E. Lontai überzeugend nachweist, die Erhöhung der dispositiven Elemente in den vertraglichen Vereinbarungen namentlich über wissenschaftlich-technischen Leistungen voraus und erfordert vor allen Dingen, weniger ausgefeilte Sanktionsregelungen, als vielmehr adäquate Stimulierungen des wissenschaftlich-technischen Risikos in den zwischenstaatlichen Verträgen zu gewährleisten.

„Mit Hinsicht auf das mit diesen Verträgen verbundene Risiko ist es wünschenswert, bei der Feststellung der Rechtsfolgen der Ungültigkeit das Risiko zwischen den Partnern rationell zu teilen." Und im Hinblick auf Mängelhaftung, Garantie und Haftpflicht stellt Lontai die Aufgabe, vertraglich eindeutig „die Konsequenzen festzulegen, die das Risiko nicht ausschließlich auf einen der Partner abwälzen, andererseits (aber) geeignet sind, den Fehler zu beheben und den Vertrag – wenn nötig auch durch Änderung dessen Inhalts – in Wirkung zu halten."[11] Diese Flexibilität in der zwischenstaatlichen Vertragsgestaltung bei wissenschaftlich-technischen Leistungen ist auch m. E. ein unabdingbares Erfordernis für Wirksamkeit und gesellschaftlicher Nützlichkeit derartiger – auch längerfristig gültiger und stets zu konkretisierender – Vereinbarungen. Sofern bei der vertraglichen Gestaltung der Beziehungen wesentlich der Prozeßcharakter der Leistungen erfaßt und damit die stochastischen Elemente des Leistungsgegenstandes

- es sind bei Beginn der Arbeiten keine eindeutigen Angaben möglich,
- über die wirtschaftliche Verwertbarkeit der wissenschaftlich-technischen Leistungen kann zumeist nichts Endgültiges festgelegt werden,
- es besteht keine Sicherheit, ob das angezielte wissenschaftlich-technische Resultat überhaupt erbringbar ist,

verstärkt berücksichtigt werden, kann nicht nur eine größere Dauerhaftigkeit in der zwischenstaatlichen Zusammenarbeit erreicht, sondern zugleich die rechtliche Verbindlichkeit, gegenseitige Interessiertheit und das gemeinsame schöpferische Engagement für neue wissenschaftlich-technische Höchstleistungen wesentlich gefördert werden. Der hohe Stellenwert, den Verantwortlichkeitsregelungen bei Verträgen über wissenschaftlich-technische

Zusammenarbeit einnehmen, erfordert, daß unter Risikogesichtspunkten spezielle Ausgangspunkte und Kriterien allgemeine Gültigkeit erhalten und im Kern sichern, daß sie aktiv auf den schöpferischen kooperativen Arbeitsprozeß der Partner einwirken.

Es ist an der Zeit, nicht nur verbal höhere Risiko- und Verantwortungsbereitschaft zu fördern, sondern namentlich auch über besondere Verantwortlichkeitsregelungen rechtlich verbindlich zu sichern, daß „die gemeinsamen ökonomischen Interessen der Partner“[12] umfassend berücksichtigt und nicht durch Verantwortlichkeitsregelungen erdrückt werden, die der Spezifik des Risikos nicht gerecht werden. Dieses Prinzip hat sowohl im Rahmen von vertraglichen Beziehungen der im RGW vereinigten sozialistischen Länder, als auch im innerstaatlichen Bereich gleiche Gültigkeit und Bedeutung. Unter Hinweis auf die im Rahmen des RGW gültigen Musterbedingungen für Verträge über die Durchführung wissenschaftlicher Forschungen und über Projektierungs-, Konstruktions- und Experimentierarbeiten weist M. Bardina mit Recht darauf hin, daß „die Erzielung eines negativen Resultats nicht als Vertragsverletzung gilt, wenn bewiesen wird, daß es dem Vertragspartner nicht gelungen ist, die gestellte Aufgabe durch eine sorgfältig durchgeführte Arbeit unter Erfüllung aller notwendigen Forderungen und Anwendung zeitgemäßer Ergebnisse und Methoden zu lösen.“[13] Damit wird zu Recht hervorgehoben, daß es namentlich beim Auftreten von Risiken im wissenschaftlich-technischen Forschungsprozeß irreführend und wissenschaftlich-theoretisch fehlerhaft ist, geläufige Termini, Vorstellungen und Rechtsfolgen von allgemeinen Vertragsbeziehungen unbesehen auf Rechtsbeziehungen zu übertragen, denen das Element des Ungewissen, schöpferisch-riskanten eigen ist. Das gilt sowohl im Hinblick auf die soziale und rechtliche Qualifizierung einer Verhaltensweise als Rechts- oder Vertragsverletzung als auch hinsichtlich der kriterialen Bestimmung dessen, was als Vertragserfüllung oder Nichterfüllung zu gelten hat. Diese Position steht in voller Übereinstimmung mit der insbesondere von Boguslawski unterstrichenen Forderung, nach der „die Zulässigkeit des schöpferischen und technischen Risikos die Partner nicht von der Verantwortlichkeit für Verletzungen befreien darf, die mit der nichtrechtzeitigen und nichtqualitätsgerechten Erfüllung der im Vertrag vorgesehenen Aufgaben zusammenhängen“.[14]

Natürlich ist das Problem der rechtlichen Stimulation schöpferisch-riskanten Handelns nicht nur mit vertragsrechtlichen Gestaltungsmöglichkeiten und -erfordernissen verbunden. Es berührt vielmehr allgemeine Leitungserfordernisse des sozialistischen Staates. Es stellt dem sozialistischen Recht die Aufgabe, die jeweils günstigste und effektivste Lösung bei der Erzielung und gesellschaftlichen Nutzung neuer Ergebnisse von Wissenschaft und Technik vorzusehen. In sowjetischen Arbeiten wird z. B. der Vorschlag unterbreitet, spezielle Vermögensfonds zu bilden, um zusätzliche Kosten für das Anlaufen neuer Erzeugnisse auszugleichen und dadurch das für die Betriebe und Kombinate entstehende Risiko, das mit der Erhöhung von materiellen und finanziellen Aufwendungen für wissenschaftlich-technisch neue Erzeugnisse und Leistungen verbunden ist, von vornherein in gesicherten Grenzen zu halten. Rassudowski z. B. vertritt die Ansicht, daß die Entwicklung von Methoden der ökonomischen Leitung des wissenschaftlich-technischen Fortschritts eine breitere Nutzung der zweckgebundenen Finanzierung aus den Fonds für die Einführung der neuen Technik erforderlich mache. In Verallgemeinerung von Erfahrungen der elektro-technischen Industrie, wo ein einheitlicher Fonds aus dem planmäßigen Gewinn der Betriebe gebildet wird, dessen Speisung vom Wachstum der Effektivität der Produktion insgesamt abhängt, schlußfolgert Rassudowski: „Das Wachstum des Gewinns trägt zur Erhöhung derjenigen Finanzmittel bei, die für die Beschleunigung des wissenschaftlich-technischen Fortschritts verwendet werden können. Es sind ökonomische Hebel, die die Betriebe dazu stimulieren, einen härteren Gewinnplan zu beschließen und seine bessere Erfüllung zu erreichen."[15]

Wie es ein grundlegender Irrtum ist, daß sich Fortschritte in Wissenschaft und Technik stets sofort und uneingeschränkt für denjenigen „auszahlen", der ihre Verwirklichung konsequent betreibt, so steht andererseits eindeutig fest, daß eine echte und umfassende Interessiertheit der Betriebe und Kombinate und auch der einzelnen Werktätigen und auch ein direkter ökonomischer Zwang zur Durchsetzung des wissenschaftlich-technischen Höchststandes nur erreichbar sind, wenn die wirtschaftlichen Leistungsbewertungen dem Neuen, Effektiveren den Vorrang einräumen und die Betriebe besser stellen, die den Mut zum Neuen mit Konsequenzen zum Neuen beweisen. Die auf der Grundlage der vom Politbüro des ZK der SED beschlossenen Maßnahmen des Ministerrates der DDR, für bestimmte weiterentwickelte und neue Erzeugnisse, die mit geringerem Aufwand produziert werden, den Industriepreis längere Zeit unverändert zu belassen, um die erzielten Einsparungen tatsächlich dem Betrieb, dem Arbeitskollektiv und der Volkswirtschaft zugute kommen zu lassen, bilden einen konkreten Weg, um „Leitung, Planung und ökonomische Stimulierung so weiterzuentwickeln, daß sich volkswirtschaftlicher Nutzen und betrieblicher Nutzen noch besser in Übereinstimmung befinden".[16] Notwendig ist, daß die ökonomischen, rechtlichen und auch ideelen Faktoren, die den wissenschaftlich-technischen Fortschritt, sein Tempo und seine Wirksamkeit in der sozialistischen Gesellschaft beeinflussen, so gestaltet werden, daß die Entscheidung für das wissenschaftlich-technische Effektivere unmittelbar günstig und günstiger für den Betrieb und den einzelnen ist.

Was für eine effektivere Wirkung das Wirtschaftsrecht bereits mehrfach festgestellt wurde, nämlich, daß vor allem der „Gleichklang aller das Handeln beeinflussenden Faktoren"[17] von großer Bedeutung ist, gilt für die Leitung, Planung und ökonomische Stimulierung des wissenschaftlich-technischen Fortschritts insgesamt. Am Beispiel der Überleitung wissenschaftlich-technischer Ergebnisse in die Produktion wird in besonderem Maße die Dringlichkeit und Unabdingbarkeit eben dieses Gleichklanges aller das Handeln beeinflussenden Faktoren sichtbar. Nicht nur unverantwortlich langes Zögern und Hinausschieben der Einführung von wissenschaftlich-technischen Neuentwicklungen treten gegenwärtig noch auf, nicht nur vordergründige betriebliche Sichtweisen behindern diesen Prozeß und nicht nur eine auch rechtlich ungenügend entwickelte Konsequenz in der Verantwortlichkeitsfestlegung verzögern die schnelle gesellschaftliche Nutzbarmachung wissenschaftlich-technischer Ergebnisse, sondern auch das Nichtvorbereitetsein angrenzender Industriezweige oder der Volkswirtschaft insgesamt, das damit zwangsläufig verbundene Verzögern infolge von subjektiven Widerständen und objektiven Umstellungserfordernissen wirken hemmend auf diesen Gesamtprozeß ein.

„Das Ziel, das Tempo der Einführung von wissenschaftlich-technischen Erkenntnissen zu beschleunigen und ihre Maßstäbe zu erweitern, muß in der gesamten Gesetzgebung seinen Niederschlag finden, die die Beziehungen in der Volkswirtschaft, in der Wissenschaft sowie im Bereich der Leitung des Staates und der Gesellschaft regeln"[18], bemerkt Rassochin, und ich möchte dem voll zustimmen. Natürlich sind auch neue Fragen und Probleme der Erhöhung der Verantwortung und der strikten Verwirklichung einheitlicher ökonomischer und rechtlicher Verantwortlichkeitsprinzipien nicht an das Problem der Überleitung allein gebunden. Dieser Bereich zeigt indes in besonders anschaulicher Art und Weise, daß und wie Verantwortung und Verantwortlichkeit Grundfragen der

Leitung bedeutender wirtschaftlicher Prozesse und Beziehungen sind. Nicht selten führen ungenügende Konsequenz dabei zu solchen wirtschaftlichen und gesellschaftlichen Folgen, die primär überhaupt nicht als Probleme ungenügender Verantwortung und Verantwortlichkeit erscheinen. Die Feststellung des IX. Parteitages der SED, daß „Leitungsfragen Fragen der Ausübung der Macht der Arbeiterklasse und ihrer Verbündeten sind, deren Ergebnis in der Stärkung der ökonomischen Kraft der sozialistischen Gesellschaft zum Ausdruck kommen“[19], gilt auch und in besonderem Maße für die Leitung gesellschaftlicher und wirtschaftlicher Prozesse mit den spezifischen Mitteln des sozialistischen Rechts. Das müssen klare Verantwortungsmaßstäbe und eindeutige, konsequente Realisations- und Verantwortlichkeitsprinzipien und -formen sein.

Anmerkungen

1 Bericht des ZK der SED an den IX. Parteitag der SED, Berlin 1976, S. 87.

2 Vgl. K. Hager, Aufgaben von Wissenschaft und Bildung nach dem IX. Parteitag der SED, Berlin 1977, S. 13 ff.

3 Autorenkollektiv, Sozialismus und wissenschaftliches Schöpfertum, Berlin 1976, S. 185.

4 Der § 7 der Verordnung zur Erhaltung und Förderung der Gesundheit der Werktätigen im Betrieb – Arbeitsschutzverordnung – vom 22. September 1962 (GBl. II, S. 703; Ber. S. 721) i.d.F. der 2. ArbeitsschutzVO vom 5. Dezember 1963 (GBl. II, 1964, S. 15) bestimmt folgendes:
(1) in Ausnahmefällen können aus zwingenden Gründen befristete Sonderregelungen zugelassen werden. Die Voraussetzungen und das Verfahren hierfür sind in Arbeitsschutzanordnungen festzulegen. Soweit darin nichts bestimmt ist, gelten die Absätze 2 bis 4.
(2) Sonderregelungen werden auf Antrag des Betriebsleiters vom Leiter des übergeordneten Organs getroffen; der Antrag ist im Einvernehmen mit den Leitern der für den Betrieb zuständigen Hygieneinspektion und Arbeitsschutzinspektion zu stellen. Anträge auf Sonderregelungen, deren Bedeutung über den Verantwortungsbereich des Leiters des übergeordneten Organs hinausgeht, hat dieser mit seiner Stellungnahme dem Leiter des zuständigen zentralen Organs des Staatsapparates vorzulegen, der darüber im Einvernehmen mit dem für den Erlaß der Arbeitsschutzanordnung zuständigen Leiter sowie dem Zentralvorstand der zuständigen Industriegewerkschaft oder Gewerkschaft entscheidet.
(3) Sonderregelungen, die freigabe- bzw. überwachungspflichtige Betriebsanlagen bzw. -einrichtungen (einschließlich Maschinen, Werkzeuge, Apparate und Geräte), Roh- bzw. Hilfsstoffe oder Arbeitsverfahren betreffen, werden auf Antrag des Betriebsleiters vom Leiter des zuständigen staatlichen Organs der Technischen Überwachung getroffen.

5 Thesen des Hauptreferates für die wissenschaftliche Konferenz. „Die Gesetzmäßigkeit der Erweiterung der führenden Rolle der Arbeiterklasse und ihrer marxistisch-leninistischen Partei, die Entwicklung des sozialistischen Staates und die wissenschaftlich-technische Revolution“ (Auszug aus der Rohübersetzung (Tschechisch), Potsdam-Babelsberg, 1975, S. 23.

6 Programm der SED, Berlin 1976, S. 37/38.

7 G. Schüßler, Zur Entwicklung des sozialistischen Rechtsbewußtseins, Staat und Recht 2/76, S. 128.

8 G. Schüßler, a.a.O., S. 128.

9 H. Hörz, Verantwortung und Recht in der sozialistischen Gesellschaft, Berlin 1975, S. 22.

10 W. G. Afanasjew, Soziale Information und Leitung der Gesellschaft, Berlin 1976, S. 147 und 153.

11 E. Lontai, Einige allgemeine Fragen der Verträge auf dem Gebiet der wissenschaftlichtechnischen Zusammenarbeit (Manuskript S. 16 und 18) (Materal des wiss. Symposiums: Verträge über wiss.-techn. Zusammenarbeit, Babelsberger 1977, unveröffentlicht).

12 So die mündlich vorgetragenen Standpunkte von Osterland auf der Konferenz: Verträge ..., Babelsberg 1977.

13 M. Bardina, Fragen der materiellen Verantwortlichkeit nach den Verträgen über wiss.-techn. Zusammenarbeit auf der Grundlage der Kooperation, Beitrag zum Symposium Verträge ..., Babelsberg 1977, S. 6.

14 M. Boguslawski, Die rechtliche Regelung der internationalen Wirtschaftsbeziehungen, Moskau 1970, S. 111

15 U. Rassudowski, Das Problem des Risikos im sowjetischen Recht „Sovetskaja justicija“ 17/1976 (in der Übersetzung S. 6/7).

16 E. Honecker, Bericht des ZK an den IX. Parteitag der SED, Berlin 1976.

17 G Pflicke, „Zu Fragen des sozialistischen Rechtsbewußtseins bei der Leitung der Volkswirtschaft“. In: Sozialistisches Rechtsbewußtsein – Herausbildung und gesellschaftliche Wirkung, 1976, S. 59.

18 U Rassochin, Die Verbindung zwischen Wissenschaft und Produktion, Manuskript, Babelsberg 1976, (In der Übersetzung S. 73).

19 E. Honecker, a.a.O., S. 83.

Ernst Winklbauer

Zur Erhöhung der Wirksamkeit des Neuerer- und Erfinderrechts der DDR bei der Entfaltung des wissenschaftlich-technischen Schöpfertums

Die Erhöhung der Wirksamkeit des Neuerer- und Erfinderrechts der DDR bei der Entfaltung des wissenschaftlich-technischen Schöpfertums der Werktätigen ist im engen Zusammenhang mit der Forderung unserer Partei nach entschiedener Verbesserung der Qualität und Effektivität der gesamten Arbeit zu sehen. „Es kommt darauf an, alle Quellen für den Zuwachs an Nationaleinkommen zu erschließen, damit sowohl die Mittel für die Weiterführung unseres sozialpolitischen Programms als auch für den weiteren Ausbau unserer materiell-technischen Basis zur Verfügung stehen.“[1] Der wissenschaftlich-technische Fortschritt gewinnt in diesem Prozeß die Schlüsselrolle. Die Intensivierung der gesellschaftlichen Produktion erweist sich als die wichtigste Form der weiteren Beschleunigung des wissenschaftlich-technischen Fortschritts. Intensivierung aller Bereiche der gesellschaftlichen Produktion verlangt vor allem eine solche bewußte, planmäßige, disziplinierte individuelle und kollektive schöpferische Verhaltensweise der Werktätigen zu entwickeln, die zu einer höheren Qualität und Effektivität im schöpferischen Niveau der wissenschaftlich-technischen Arbeit führt. Dies zu erreichen, stellt nicht nur Anforderungen an die Technik, Ökonomie, Psychologie usw., sondern vor allem auch an das Recht und an die Staats- und Rechtswissenschaft. Aus der Sicht der gesellschafts- und wirtschaftsleitenden Funktion des sozialistischen Staates erhebt sich die Forderung, das rechtliche Instrumentarium auf das Niveau dieser von der Partei erhobenen Aufgabenstellung zu heben. Die staatlich autorisierten Verhaltensvorschriften, wie sie sich in den Rechtsnormen manifestieren, müssen als die optimalen, wiederholbaren Verhaltensweisen zur Lösung der genannten Aufgabenstellung erarbeitet und angewandt werden. Dabei ist zu beachten, daß die Entfaltung der schöpferischen Kräfte und Fähigkeiten im Prozeß der Leitung von Wissenschaft und Technik ein äußerst komplexer und vielschichtiger Prozeß ist. Dies deshalb, weil sich das Schöpfertum der Menschen auch im Prozeß der Entwicklung des wissenschaftlich-technischen Fortschritts als eine zumeist kollektiv zu gestaltende, problem- und widerspruchslösende, Altes überwindende und Neues schaffende sowie die vorhandenen technisch-ökonomischen und technologischen Auffassungen in Frage stellende und diese konstruktiv verändernde und revolutionierende Tätigkeit charakterisiert. Weil das Recht diese genannten komplexen und vielschichtigen gesellschaftlichen Verhältnisse erfaßt und gestaltet, muß es diese Komplexität und Vielschichtigkeit in der Ausgestaltung von Rechten und Pflichten, Verantwortlichkeiten und Kompetenzen sowie Stimuli und Sanktionen berücksichtigen.

Indem das sozialistische Recht die bewußte und planmäßige Entfaltung des Schöpfertums der Menschen zu einer der sozialistischen Gesellschaft wesenseigenen Form der Mitwirkung der Werktätigen an der staatlichen Leitung und Planung erhebt, erhebt es das ureigenste menschliche Bestreben, sich zum Wohle der Menschen mit der Natur auseinanderzusetzen, zur staatlichen Maxime. Die Entfaltung des Schöpfertums hört im Sozialismus auf, dem Profitstreben untergeordnetes Verhalten zu sein.

1. Zur Effektivität der staatlich-rechtlichen Leitung der Intensivierung und Rationalisierung der Produktion mit den Mitteln des Neuerer- und Erfinderrechts

Die Eeffektivität der staatlich-rechtlichen Leitung von Wissenschaft und Technik mit dem Ziel der weiteren Beschleunigung des wissenschaftlich-technischen Fortschritts wird entscheidend davon bestimmt, wie es gelingt, die wiederholbaren und bestimmenden Verhaltensweisen im einheitlichen Prozeß der Planung, Schaffung und produktiven Nutzung der neuen Technik so zu erfassen und zu gestalten, daß die gegenseitige Bedingtheit und Wechselwirkung der gesellschaftlichen Verhältnisse in ihrer Komplexität wirksam gemacht werden.

1.1. Zur Einordnung und Wechselwirkung zwischen Neuerer- und Erfinderrecht und der Leitung und Planung von Wissenschaft und Technik

Eng verbunden mit der Schaffung der sozialistischen Eigentums- und Produktionsverhältnisse und der Errichtung der Macht der Arbeiter und Bauern im Ergebnis der Großen Sozialistischen Oktoberrevolution steht die Abschaffung des kapitalistischen Patentmonopols an der Nutzung schöpferischer, erfinderischer, wissenschaftlich-technischer Ergebnisse. Durch das Dekret über Erfindungen, das Lenin 1917 unterzeichnete, wurde erstmals die bourgeoise Eigentumsdoktrin über die ausschließliche Nutzung von Erfindungen im Interesse des Kapitals gebrochen. Die Einheit von Fürsorge des sozialistischen Staates um die planmäßige Entfaltung des erfinderischen Schöpfertums der Menschen, um die volle Anerkennung der Erfinder und um die breite gesellschaftliche Nutzung der erzielten erfinderischen Ergebnisse – das ist der Hauptinhalt dieses Dekrets über Erfindungen. Durch die Erteilung des Urheberscheines an den Erfinder wird staatlich festgestellt,

- daß er der Schöpfer dieser wissenschaftlich-technischen, im Weltmaßstab neuen, fortschrittlichen und nützlichen Idee ist,
- daß die gesellschaftliche Nutzung seiner Idee durch den sozialistischen Staat organisiert und den gesamtvolkswirtschaftlichen Erfordernissen gemäß gesichert wird,
- daß im Falle der gesellschaftlichen Nutzung der Erfinder Vergütungsberechtigter ist sowie
- daß der sozialistische Staat alle Maßnahmen zur Entfaltung der schöpferischen, erfinderischen Fähigkeiten der Werktätigen ergreift.

Dieses sozialistische Schutzdokument steht im Mittelpunkt der Entwicklung der neuen Technik in der UdSSR und heute auch in vielen anderen sozialistischen Staaten (z. B. ČSSR, VR Bulgarien, VR Mongolei und in der DDR in Form des Wirtschaftspatents). Mit dem Dekret Lenins über Erfindungen ist in der UdSSR eine Entwicklung eingeleitet worden, die die Entfaltung des erfinderischen Schöpfertums der Menschen zur Massenbewegung werden ließ. Es ist eine Entwicklung, die beispielgebend für die Welt ist. Die wissenschaftlichen und technischen Erfolge im Bereich der Kosmosforschung, der Weltraumtechnik, der Kernforschung, der Genetik usw. der UdSSR beweisen dies.

Diesem Beispiel folgend, können auch wir heute feststellen, daß im Zeitraum von 1971–1976 mehr als 15 000 neue Erzeugnisse mit höheren Gebrauchseigenschaften in die Produktion eingeführt wurden. 1976 beteiligten sich rund 1,6 Millionen Werktätige an der Neuererbewegung. Der gesellschaftliche Jahresnutzen betrug 1976 3,7 Milliarden Mark, was eine Steigerung um 5,1% gegenüber dem Vorjahresnutzen bedeutet.

In Anbetracht dieser Erfolge dürfen wir jedoch die Aussagen über die exakte Qualitätsentwicklung nicht außer acht lassen. Nur 10% der wissenschaftlich-technischen Ergebnisse bestimmen gegenwärtig das internationale Erkenntnisniveau mit.[2] Das aber zeigt, daß sicherlich auch die Effektivität der Rechtsakte, die auf die Leitung und Planung von Wissenschaft und Technik einwirken, sehr differenziert einzuschätzen sind.

Wenn auf dem 5. Plenum des ZK der SED darauf hingewiesen wurde, daß die ausgewählten FuE-Aufgaben, die mit einem das Weltniveau bestimmenden Ergebnis zu lösen sind, besonders geplant und realisiert werden müssen, so wird hier bereits die Orientierung für die weitere rechtliche Gestaltung dieser Fragen gegeben. Die Praxis zeigt, daß mit einer Planorientierung, daß zu diesem Forschungsthema 5 Erfindungen, d. h. Lösungen zu erbringen sind, die den wissenschafiltch-technischen Höchststand mitbestimmen, den von der Partei erhobenen Anforderungen nicht entsprochen wird. Dabei geht es nicht nur darum, daß verstanden werden muß, daß das Erfindungswesen den Aspekt der Leitung von Forschung und Entwicklung, d. h. des wissenschaftlich-technischen Fortschritts erfaßt, der auf das schöpferische Niveau, d. h. auf die schöpferische Qualität des Forschungs- und Entwicklungsprozesses als eines spezifischen Arbeitsprozesses besonders einwirkt. Mit der AO über das Rahmenpflichtenheft für die Entwicklung und Weiterentwicklung von Erzeugnissen, Verfahren und Technologien vom 27. 4. 1977 (GBl. der DDR, Teil I, Nr. 14, S. 145 ff.) ist ein wichtiger erster Schritt zur Spezifizierung der Leitung und Planung der FuE auch hinsichtlich der Erzielung einer solchen Qualität des Niveaus getan, die in der Mitbestimmung des Welterkenntnisstandes ihren Ausdruck findet. Es ist dringend notwendig, leitungs- und planungsrechtlich die auf die Mitbestimmung des Weltstandes der Technik orientierte Forschung und Entwicklung

- in ihrer Einheit von Schöpfungs- und Nutzungsprozeß,
- in ihrer produktionsmäßigen Begründetheit,
- in ihrer Komplexität von technischen, technisch-ökonomischen und Markterfordernissen,
- in ihrer Kausalität von Verantwortlichkeiten, Kompetenzen, Rechten, Pflichten, Stimuli und Sanktionen

zu gestalten. Nur dann ist es zu gewährleisten, daß der Forscher und Entwickler seine Arbeit als beendet betrachtet, wenn der Gebrauchswert in der Produktion und auf dem Markt planmäßig wirksam wird.

Betrachten wir das Erfinder- und Patentrecht der DDR, so wird es diesen genannten Erfordernissen noch nicht voll gerecht. Zwar kennt die Neuererverordnung, die Anordnung über die Durchführung von Verteidigungen wissenschaftlich-technischer Aufgaben und Ergebnisse, die Anordnung über die Nomenklaturen der Arbeitsstufen und Leistungen von Aufgaben des PWT sowie die Schutzrechtsverordnung eine Anzahl rechtlicher

Regelungen, die die Leitung und Planung der Erarbeitung von schutzfähigen erfinderischen Leistungen betreffen. Auch die Pflichtenheft-Ordnung sieht erfinder- und schutzrechtliche Maßnahmen im FuE-Prozeß vor. Jedoch unser geltendes Patentrecht ist noch nicht darauf ausgerichtet (es ist 1950 erlassen), Instrument der Leitung und Planung solcher wissenschaftlich-technischer Forschungs- und Entwicklungsprozesse zu sein, die auf die Erzielung und Nutzung von Ergebnissen orientiert sind, die den Welterkenntnisstand mitbestimmen.

Die Weiterentwicklung des Erfinderrechts der DDR muß in Kenntnis und schöpferischer Verwertung der historischen Erfahrungen der UdSSR auf diesem Gebiet darauf gerichtet sein,

- die Leitung und Planung des Erfindungswesens rechtlich so auszugestalten, daß es die Verhaltensweisen der Werktätigen in Forschung und Entwicklung mit dem Ziel orientiert und stimuliert, Forschungsergebnisse mit einem so hohen schöpferischen Niveau, einer so hohen Effektivität und Qualität zu erbringen, die das Weltniveau mitbestimmen;
- das rechtliche Instrumentarium in Wechselwirkung mit ökonomischen und informatorischen Mitteln und Methoden in einer solchen Spezifik und Komplexität normativ festzuschreiben (Weltstandsvergleichsrecherche, Neuheitsrecherche, Patentreinheitsrecherche, Vielfalt der materiellen und ideellen Stimulierung usw.), daß die Rechte und Pflichten, die Kompetenzen und Verantwortlichkeiten, die Stimuli und Sanktionen aus den arbeitsteiligen spezifischen Erfordernissen des auf eine besondere schöpferische Qualität der Forschung und Entwicklung sowie der Nutzung der dabei erzielten Ergebnisse gerichteten Arbeitsprozesse ergeben;
- die Grenzen der rechtlichen Erfassung dieser Spezifik zu beachten und deutlich zu machen, daß mit der rechtlichen Ausgestaltung des Erfindungswesens die spezifischen Fragen des wissenschaftlich-technischen Schöpfertums der Forschung und Entwicklung im Niveau und Qualitätsvergleich mit dem Welterkenntnisstand erfaßt werden.

Damit nicht erfaßt bzw. nur indirekt werden bisher die technisch-ökonomischen Parameter, die das Aufwand-Nutzen-Verhältnis, die Materialökonomie, die Herstellungsökonomie usw. betreffen. Deshalb ist die Erfindungsintensität und Schutzfähigkeit zwar ein sehr wesentliches, das Niveau und die Qualität des wissenschaftlich-technischen Schöpfertums kennzeichnendes Kriterium. Aber es ist ein Kriterium, das mit den übrigen Kriterien zu beachten ist.

Nicht zufällig gibt es in der UdSSR eine Schule in der Erfinderrechtswissenschaft, die das rechtliche Kriterium des Schöpferischen in einem untrennbaren Zusammenhang mit dem Kriterium der gesellschaftlichen Nützlichkeit sieht.

Das heißt, das Niveau des Schöpferischen im Bereich des wissenschaftlich-technischen Fortschritts wird einerseits an der Neuheit des Forschungsergebnisses und andererseits an dem Ausmaß der gesellschaftlichen Nützlichkeit gemessen. Das aber bedeutet, daß ein das Weltniveau bestimmendes wissenschaftlich-technisches Ergebnis nur dann staatlich-rechtlich anerkannt wird, wenn es der Gesellschaft einen entsprechenden Nutzen erbringt.

1.2. Zur Effektivität des wissenschaftlich-technischen Schöpfertums der Werktätigen im Prozeß der weiteren Entfaltung der sozialistischen Demokratie

Im Vergleich zum vergangenen Jahr ist festzustellen, daß im Jahre 1976

- sich über 100 000 Werktätige mehr an der Neuererbewegung beteiligt haben,
- die Gemeinschaftsarbeit sich zur Hauptform der Neuererbewegung entwickelt hat,
- die Überleitung von Neuerungen in die Produktion um 5,3% gestiegen ist.

Dieses Ergebnis veranschaulicht den Entwicklungsprozeß der zunehmenden Bewußtheit der Werktätigen über die Arbeitsaufgaben und Arbeitspflichten hinausgehend konstruktiv und kritisch teilzunehmen an der Leitung des Intensivierungsprozesses und an der Rationalisierung der Produktion. Erich Honecker charakterisierte diesen Prozeß der weiteren Entwicklung der sozialistischen Demokratie auf dem 9. Kongreß des FDGB wie folgt:

„Ständig mehr sachkundige, leidenschaftliche Verfechter findet die sozialistische Rationalisierung. Immer mehr Arbeiter, Ingenieure und Wissenschaftler empfinden diese große Aufgabe zu Recht als Herausforderung an ihr schöpferisches Denken. Diesen Geist und diese Haltung gilt es überall mit Nachdruck zu fördern. Im Interesse dieser guten Sache selbst Neuerervorschläge einzureichen und andere dazu anzuregen, kennzeichnet die Wegbereiter einer modernen und effektiven sozialistischen Produktion."

Gerade die sozialistische Rationalisierung unserer Produktion als eine der bedeutendsten Formen der technischen, technologischen und arbeitsorganisatorischen Erneuerung des Arbeitsprozesses führt Arbeiter, Ingenieure und Wissenschaftler zur Lösung der gemeinsamen Aufgabe zusammen. Einsparung von Arbeitszeit, Arbeitskräften, Material und Energie verlangt, rationeller und effektiver zu produzieren, verlangt, den Arbeitsprozeß besser zu organisieren, verlangt, neue Technik rascher und umfassender wirksam zu machen. Diese Aufgabe ist getragen und bestimmt von dem Ziel, die Arbeits- und Lebensbedingungen der Werktätigen zu verbessern, sich neuen und höheren Zielen zuzuwenden. Dort, wo die Produktionsrationalisierung zur Massenbewegung gemacht wird, wo sie zur lebendigen Form der schöpferischen Gestaltung der eigenen Arbeits- und Lebensbedingung erhoben wird, erst dort beginnt der Mensch sich zu den Produktionsbedingungen als zu den seinen, als zu den eigenen zu verhalten. Dies tun die Werktätigen der DDR auf kritisch-konstruktive Weise. Sie setzen sich dabei mit erneuerungsbedürftigen Leitungs- und Produktionsmethoden, mit Routine und Schematismus, mit Selbstgefälligkeit und Bequemlichkeit auseinander. Indem sie in diesem schöpferischen Prozeß auch eigenes Verhalten ändern und neue Lösungen zur besseren Gestaltung der Arbeitsprozesse vorschlagen, verwirklichen sie aktiv durch ihre Teilnahme die gesellschaftsgestaltende und -leitende Funktion unseres sozialistischen Staates. Im Neuerer- und Erfindungswesen wird die sozialistische Demokratie zum lebendigen Ausdruck des menschlichen Schöpfertums. Dies aber verlangt eine einer solchen Zielstellung adäquate Leitungsarbeit. Wenn in einigen VEB z. B. der Abschluß von Neuerervereinbarungen um 54,3% im Jahre 1976 im Vergleich zum Vorjahr steigt, der Nutzen aber gleichzeitig um 53,4% sinkt, so ist dies offensichtlich ein Ausdruck dafür, daß Neuerervereinbarungen zu Aufgaben abgeschlossen wurden, die den Anforderungen des § 3 der 2. DB zur Neuererverordnung vom 25. 6. 1974 nicht entsprachen. Dort heißt es nämlich, daß Neuererleistungen dann vereinbart werden, wenn Art, Umfang und Schwierigkeitsgrad der Aufgabe deren Lösung das kollektive Zusammenwirken von Arbeitern und Angehörigen der Intelligenz erfordert.

Damit stellt sich aber noch ein weiteres Problem, daß mit der rechtlichen Bestimmung, die Neuererleistung muß über die Arbeitsaufgaben und Arbeitspflichten hinausgehen, auch eine arbeitsteilige und sachliche Einordnung der Neuerertätigkeit vor allem in den Prozeß der sozialistischen Rationalisierung erfolgt. Je stärker Wissenschaft und Technik sich zur unmittelbaren Produktivkraft entwickeln und immer mehr arbeitsteilig zu einem von der Produktion determinierten selbständigen beruflich zu beherrschenden Arbeitsprozeß werden, um so mehr bedarf es der selbständigen, arbeitsteiligen und langfristigen Beschäftigung, und zwar als eigenständigen Arbeitsprozeß. Das aber heißt, daß der Faktor Wissenschaft im Neuererwesen an Bedeutung gewinnt, der aber mit dem Kriterium über die Arbeitsausgaben und Arbeitspflichten hinausgehend eigentlich nicht voll erfaßt wird. Es stellt sich auch hier die Frage nach den Anforderungen an eine Neuererleistung, an ihr schöpferisches Niveau, ihre schöpferische Qualität. Dieses schöpferische Niveau, diese schöpferische Qualität wird hier stärker an der gesellschaftlichen Nützlichkeit zu messen sein. Ob dabei der Maßstab allein am realisierten Erkenntnisstand im Betrieb zu finden sein wird oder ob man nicht eine besondere Stimulierung von Neuererleistungen anstreben soll, die den in der DDR vorhandenen Erkenntnisstand bereichern, bleibt zu prüfen. Die Entfaltung des Schöpfertums der Werktätigen im Prozeß der sozialistischen Rationalisierung und die Erhöhung der Effektivität und Qualität der Arbeit erfordert die weitere Verbesserung und Vervollkommnung der Leitung und Planung wissenschaftlich-technischer Schöpfungs- und Nutzungsprozesse. Die Entwicklung und Entfaltung der sozialistischen Demokratie ist stets mit der Erhöhung der Wirksamkeit des Rechts, also auch des Neuerer- und Erfinderrechts verbunden.

2. Probleme der Erhöhung der Wirksamkeit des Neuerer- und Erfinderrechts

Die Grundfrage der Erhöhung der Wirksamkeit des Neuerer- und Erfinderrechts als entscheidendes Instrument des sozialistischen Staates zur Leitung und Planung des wissenschaftlich-technischen Fortschritts ist seine Weiterentwicklung zu einem Recht der planmäßigen Entfaltung des Schöpfertums der Werktätigen vor allem im Bereich von Wissenschaft und Technik. Dabei geht es um die Gestaltung

- der Leitung und Planung der schöpferischen Elemente des Arbeitsprozesses, die ein bestimmtes Niveau, eine bestimmte Qualität der zu erzielenden wissenschaftlich-technischen Ergebnisse charakterisieren,
- der planmäßigen Entfaltung eines bestimmten Niveaus, einer bestimmten Qualität des wissenschaftlich-technischen Schöpfungsprozesses,
- der planmäßigen Nutzung und Sicherung der erzielten wissenschaftlich-technischen Ergebnisse mit einem bestimmten Niveau, einer bestimmten Qualität im In- und Ausland.

Diese einheitliche und spezifische Gestaltung eines bestimmten Niveaus des wissenschaftlich-technischen Schöpfungs- und Nutzungsprozesses, der sich als differenzierte Qualität eines schöpferischen Arbeitsprozesses im Bereich von Wissenschaft und Technik charakterisieren läßt, wird in noch nicht ausreichendem Maße rechtlich widergespiegelt.

Die Differenzierung der Qualität des schöpferischen Arbeitsprozesses im Bereich von Wissenschaft und Technik ist dadurch charakterisiert, daß sie sich im Vergleich zum realisierten Erkenntnisstand eines Betriebes (Neuererwesen) bzw. im Vergleich zum in der Welt vorhandenen Erkenntnisstand (Erfindungswesen) unterscheidet. Aber auch von der Aufgabenstellung her – Lösung eines wissenschaftlich-technischen Forschungsthemas im Erfindungswesen, dagegen im Neuererwesen auch die Lösung ökonomischer, arbeitsorganisatorischer Probleme – ist eine Differenzierung festzustellen.

Stets aber handelt es sich in beiden Formen um einen Arbeitsprozeß, der durch eine bestimmte Qualität des Schöpferischen vor allem auf dem Gebiete von Wissenschaft und Technik charakterisiert ist.

Das zukünftige rechtliche Instrumentarium, was vor allem das Erfindungswesen betrifft, muß in stärkerem Maße die Spezifik dieses technisch-schöpferischen Arbeitsprozesses und der Nutzung der dabei erzielten Ergebnisse sowie die Leitung dieses einheitlich zu gestaltenden wissenschaftlich-technischen Schöpfungs- und Nutzungsprozesses erfassen. Es bedarf einer rechtlichen Ausgestaltung der Leitung und Planung der erfinderischen Tätigkeit im Prozeß der Forschung und Entwicklung, die stärker die Schutzfähigkeit der wissenschaftlich-technischen Leistung zu einem Qualitäts- und Preisfaktor der neuen Technik erhebt. Bei der Bewertung der Forschungsleitung muß die Erfindungsintensität und das erfinderische Niveau eine größere Rolle spielen. Es muß erreicht werden, daß eine synchrone und zur Ausgestaltung des wissenschaftlich-technischen Schöpfungsprozesses adäquate rechtliche Ausgestaltung der Nutzung dieser schutzfähigen wissenschaftlich-technischen Ergebnisse erfolgt. Die Nutzungsanordnung, die 3. DVO zum Vertragsgesetz, die in Veränderung begriffene Lizenzordnung stehen heute noch einschließlich der Regelungen im GIW sowohl zueinander als auch zu dem vorhandenen Erfinderrecht in einem noch ungenügend kausalen Verhältnis. Die rechtliche Regelung des Erfindungswesens aus einer Gesamtsicht der rechtlichen Ausgestaltung der Leitung und Planung von Wissenschaft und Technik gewinnt an Aktualität.

Anmerkungen

1 G. Mittag, Die große Kraft der Vorzüge des Sozialismus. In: Einheit 5/1977, S. 571.

2 E. Honecker, Aus dem Bericht des Zentralkomitees der SED (5. Tagung), Dietz-Verlag, Berlin, S. 18.

Gerhard Feige

Das wissenschaftlich-technische Ergebnis als Maß des wissenschaftlich-technischen Fortschritts

Nach wie vor steht vor uns die Aufgabe, nach den effektivsten Möglichkeiten und Formen zu suchen, wie das sozialistische Recht als staatliches Instrument der Leitung eingesetzt werden muß, um die von der Partei gestellte Aufgabe der Beschleunigung des wissenschaftlich-technischen Fortschritts als Hauptfaktor der Intensivierung lösen zu helfen. Mit dieser Aufgabenstellung ist auch die Frage nach dem Kern, sozusagen nach der tragenden Säule des wissenschaftlich-technischen Fortschritts verbunden, d. h. danach, wovon letztlich substantiell der eigentliche wissenschaftlich-technische Fortschritt abhängig, wie er in Erscheinung tritt und – was wichtig ist – für die gesellschafliche Produktion praktisch verwertbar ist. Ich meine damit das neue wissenschaftlich-technische Ergebnis, die neue wissenschaftlich-technische Erkenntnis, die neue Technologie, das neue Verfahren, und zwar in der von Partei und Regierung geforderten Qualität und gesellschaftlichen Wirksamkeit. Sie wurden von Genossen Erich Honecker auf dem IX. Parteitag der SED bei der Begründung des wissenschaftlich-technischen Fortschritts als „Schlüssel zu hoher volkswirtschaftlicher Dynamik"[1] charakterisiert und erlangten inzwischen universelle Gültigkeit.

Zu dieser Problematik möchte ich noch einige Überlegungen vortragen – Die notwendige Objektivierung der staatlichen Leitung drückt sich spezifisch gerade in der Notwendigkeit aus, die Ergebnisse von Wissenschaft und Technik – kurz das wissenschaftlich-technische Ergebnis – in der Praxis der sozialistischen Gesellschaft, vor allem in der materiellen Produktion, wirksam werden zu lassen. Das muß möglichst innerhalb so kurzer Zeit geschehen, daß ein zeitliches Ineinanderfließen von Erzielung des Forschungsergebnisses und Übergang zur Produktionsaufnahme erzielt und dem gesellschaftlichen Erfordernis, die Ergebniskosten kurzfristig zu amortisieren, die ökonomische bzw. andere gesellschaftliche Effektivitätsquote schnell zu steigern, entsprochen wird.

Die Erhöhung der Effektivität der Forschungs- und Entwicklungsarbeit – geistig-schöpferische Arbeit, formal-geistige Arbeit und geistige Routinearbeit – hängt immer zunehmender, damit zu einem sehr wesentlichen Teil, auch von ihrer Rationalisierung und teilweisen Automatisierung ab. Nimmt man die Möglichkeiten des Einsatzes der Elektronik hinzu, kann die Arbeitsproduktivität in diesem Bereich in den nächsten 5 bis 7 Jahren sprunghaft gesteigert werden. Während im Prinzip die Phase der geistig-schöpferischen Arbeit mittels Automatisierung zur Zeit nicht beeinflußbar ist, unterliegen die Phasen der formal-geistigen Arbeit und der geistigen Routinearbeit nahezu total den Möglichkeiten und dem objektiven Zwang der Rationalisierung und Automatisierung. Beispielsweise lassen sich alle Routinearbeiten nach bestimmten Regeln und Gesetzmäßigkeiten in deterministische Programme bzw. Vorschriften anhand vorher formulierter Komplexe fassen, so z. B.

- technisch-wissenschaftliche Berechnungen,
- Suche nach vorhandenen Lösungen,
- Anfertigung von Berichten der verschiedensten Art,
- Suche nach neuesten wissenschaftlichen Informationen,
- Verwertungsmöglichkeiten wissenschaftlich-technischer Ergebnisse (Suche nach dem Maximum) u. a.

Die Verwirklichung dieser Möglichkeiten würde in kurzer Zeit eine enorme Zahl von Arbeitskräften für geistig-schöpferische und andere gesellschaftlich notwendige Arbeiten freisetzen und die Leitung bedeutend qualifizieren.

Ein solches Herangehen führt uns sowohl zu den großen Möglichkeiten, als auch zu den Grenzen des Rechts. Das Recht ist nämlich, im Gegensatz zu manch weit verbreiteter Ansicht, heute und auch künftig nicht in der Lage, alle Prozesse, die mit der Erzielung eines bestimmten wissenschaftlich-technischen Ergebnisses in Beziehung stehen, zu regeln oder zu steuern. Unsere Aufgabe muß es daher sein, jene Regelungsflächen zu finden und zu erschließen, die zu diesem Ergebnis und – ich wende bewußt diesen Terminus an – zur zwangmäßigen Verwertung führen könnte. Diese Problematik soll folgendes Beispiel verdeutlichen:

Im Jahre 1976 wurde vom Ministerrat der Beschluß über die Bildung von Industriepreisen mit den dazugehörigen „Kalkulationsrichtlinien“ gefaßt. Danach „können“ Betriebe, die neue Erzeugnisse mit hohem wissenschaftlich-technischen Niveau hervorbringen, höhere, also günstigere Preise als bisher erzielen; für nicht neue Erzeugnisse gilt dies nicht usw. Diese Regelung ist unbestritten eine notwendige und wichtige Stimulierungsmaßnahme. Dennoch erhebt sich die Frage, ob dadurch die Hervorbringung neuester wissenschaftlich-technischer Erzeugnisse ausreichend stimuliert wird. Dieser Aufgabe wird die rechtliche Regelung m. E. nicht genügend gerecht. Müßte es nicht eigentlich so sein, daß jene Betriebe, die keine oder nur ungenügende neue wissenschaftlich-technische Ergebnisse hervorbringen und nicht in die Produktion einführen bzw. die Überführung in die produktive Nutzung nicht zu dem für die Gesellschaft notwendigen Zeitpunkt vornehmen, solche ökonomischen Nachteile haben, die größer sind und schwerwiegendere Folgen als die Nichterfüllung der laufenden wertmäßigen Warenproduktion haben? Daß die Anstrengungen in diese Richtung gehen müssen, zeigen die Beschlüsse des 2., 4. und 5. Plenums des ZK der SED, z. B. die schrittweise Einführung der Niveauplanung, beginnend mit dem Staatsplan Wissenschaft und Technik u. a.

Letztlich wird jedoch die Effektivität der Produktion davon bestimmt, welches wissenschaftlich-technische Niveau sie aufweist, und zwar nicht nur bei einzelnen Spitzenerzeugnissen, sondern in der Breite des wissenschaftlich-technischen Fortschritts insgesamt. Daraus folgt, daß z. B. Fragen des Rechtsregimes der Planung von wissenschaftlich-technischen Aufgaben, die den Bedürfnissen der Volkswirtschaft entsprechen, der Überleitung für jedes einzelne Objekt, der Nomenklatur der Arbeitsstufen und der rechtlichen Anforderungen an das Pflichtenheft in Forschung und Entwicklung, wie auch insbesondere des Gesamtsystems der staatlichen Leitung von Wissenschaft und Technik, des Schutzes unserer wissenschaftlich-technischen Ergebnisse einschließlich der Probleme eines gesellschaftlich gesunden, objektivierten Risikos und der Verantwortung und Verantwortlichkeit in Forschung und Entwicklung im Mittelpunkt von Forschung und Lehre stehen müssen.

Diese wenigen Bemerkungen sollen die Notwendigkeit einer einheitlichen Konzeption der staatlichen Leitung von Wissenschaft und Technik mit den Mitteln des sozialistischen Rechts unterstreichen. Eine solche Konzeption muß darauf gerichtet sein, schrittweise den mit dem VIII. Parteitag bewährten Weg der Gesetzgebung und verstärkten Rechtskontrolle fortzusetzen. Es ist jedoch notwendig, die einzelnen Schritte genau aufeinander abzustimmen und zusammenhängende Komplexe auch zusammenhängend zu regeln. Als Beispiel dazu sei auf die in diesem Sinne erforderliche Neuregelung des Patentrechts, d. h. der weiteren Ausprägung des Schöpfertums und dessen Schutz, verwiesen. Dabei ist nicht nur für diesen Komplex, sondern für den Gesamtbereich von Wissenschaft und Technik zu beachten, daß jede rechtliche Neuregelung vom Prinzip her komplexer Natur zu sein hat und – was ebenso wichtig ist – den wachsenden Erfordernissen der sich entwickelnden sozialistischen ökonomischen Integration gerecht werden muß. Es kann keine wesentliche Neuregelung ohne die Berücksichtigung dieser Erfordernisse geben.

Anmerkungen

1 Rechenschaftsbericht an den IX. Parteitag, Dietz-Verlag 1976, S 74.

Hans Leger

Zu einigen aktuellen Fragen der weiteren Beschleunigung des wissenschaftlich-technischen Fortschritts

Der Arbeit unseres Rates, die sich besonders mit den ökonomischen Fragen des wissenschaftlich-technischen Fortschritts beschäftigt, kommt eine bedeutende Rolle bei der Durchführung und Koordinierung der Forschungsarbeiten zu Fragen der Leitung, Planung und Organisation sowie ökonomischen Stimulierung des wissenschaftlich-technischen Fortschritts zu. Davon ausgehend ist es vorteilhaft, die Auffassungen und Probleme bei der Durchsetzung des wissenschaftlich-technischen Fortschritts aus der Sicht der staats- und rechtswissenschaftlichen Forschung näher kennenzulernen und gleichermaßen möchte ich dem Bedürfnis folgen, über einige Erfahrungen aus unserer Ratsarbeit zu berichten.

Eine besondere Verantwortung trägt unser Rat hinsichtlich seiner Verbindung und unmittelbaren Zusammenarbeit mit Vertretern der naturwissenschaftlich-technischen Forschung und mit wirtschaftsleitenden Organen. Ohne diese Verbindung und Zusammenarbeit ist auf dem Gebiet der Vervollkommnung der Leitung, Planung und ökonomischen Stimulierung des wissenschaftlich-technischen Fortschritts keine praxiswirksame Arbeit zu leisten. Deshalb sind in unserem Rat sowohl Gesellschafts- und Naturwissenschaftler vertreten als auch leitende Kader aus Kombinaten und Forschungseinrichtungen der Industrie und des Bauwesens sowie verantwortliche Wirtschaftsfunktionäre aus den zentralen Staatsorganen.

Die Aufgaben der Beschleunigung des wissenschaftlich-technischen Fortschritts werden nicht aus der Entwicklung von Wissenschaft und Technik selbst, sondern konsequent aus den Anforderungen des volkswirtschaftlichen Reproduktionsprozesses abgeleitet und ihre Wirksamkeit am ökonomischen Fortschritt bewertet.

Vor allem im Zusammenhang mit der Ordnung der Planung beschäftigt sich der Rat mit der Vervollkommnung der Leitung und Planung von Wissenschaft und Technik. Im Mittelpunkt stehen hier Fragen der Verbindung der Planung von Wissenschaft und Technik mit der Planung der anderen Seiten und Phasen des Reproduktionsprozesses. Dabei sehen wir ein Hauptproblem in der Ableitung der Vorgaben – und objektivbezogenen Aufgaben von Wissenschaft und Technik aus den komplexen Erfordernissen und Bedingungen des Reproduktionsprozesses.

Für uns ergibt sich die Aufgabe, den wissenschaftlich-technischen Fortschritt immer mehr als einen in sich geschlossenen und aufeinander abgestimmten Neuerungsprozeß zu planen und zu leiten. Den wissenschaftlich-technischen Fortschritt und die Wahrnehmung der Verantwortung für seine Beschleunigung kann man nicht allein auf die Forschungs- und Entwicklungsbereiche einengen.

Der wissenschaftlich-technische Fortschritt hat seinen Ausgangspunkt in der langfristigen und auf die Bedürfnisse der Bevölkerung und des Reproduktionsprozesses ausgerichteten Zielstellung für die wissenschaftlich-technische Arbeit, umfaßt den eigentlichen Forschungs-, Entwicklungs- und Überleitungsprozeß, geht über den stabilen Produktionsanlauf der neuen und weiterentwickelten Erzeugnisse, Technologien und Verfahren sowie deren kontinuierliche Produktion in hoher Qualität bis zur Anwendung der wissenschaftlich-technischen Neuerungen in der Breite der Volkswirtschaft und der dazu notwendigen materiell-technischen Sicherung der geplanten Vorhaben. Die wissenschaftlich-technische Arbeit ist eng mit den ökonomischen, sozialen und geistig-kulturellen Aufgaben zu verbinden und die Planung des wissenschaftlich-technischen Fortschritts in zunehmendem Maße zum Hauptbestandteil der Volkswirtschaft zu entwickeln.

Das erfordert vor allem folgende Aufgaben und Probleme miteinander zu verbinden:

- die möglichst genaue Orientierung des wissenschaftlich-technischen Potentials und der naturwissenschaftlich-technischen Arbeit auf die für die Durchführung der Hauptaufgaben notwendigen langfristigen Leistungs- und Effektivitätsentwicklung des Reproduktionsprozesses;
- die Planung wissenschaftlich-technischer Neuerungen im Reproduktionsprozeß, die dazu notwendige Komplexität und enge Verbindung aller Planteile, insbesondere von Wissenschaft und Technik und Investitionen;
- die planmäßige Ausbreitung wissenschaftlich-technischer Ergebnisse und Neuerungen in der Volkswirtschaft;
- die nachhaltige Förderung des ökonomischen Interesses der Betriebe und der einzelnen Werktätigen an der Beschleunigung des wissenschaftlich-technischen Fortschritts.

Die Wirksamkeit von Wissenschaft und Technik in der gesamten Breite der Volkswirtschaft weiter wesentlich zu erhöhen, ist untrennbar damit verbunden, wie es uns gelingt, über den Plan eine immer komplexere Leitung des wissenschaftlich-technischen Fortschritts, von der Volkswirtschaft als Ganzes bis in jeden Betrieb, durchzusetzen.

Von der wissenschaftlichen wie praktischen Bewältigung dieser Fragen hängt es wesentlich ab, wie die Erwartungen erfüllt werden, die an den qualitativen und quantitativen höheren Leistungsbeitrag von Wissenschaft und Technik gestellt werden.

Wesentlich scheint uns bei der praktischen Verwirklichung dieser Aufgabe zu sein, wie wir noch besser mithelfen können, die dazu notwendige Denk- und Verhaltensweise bei allen verantwortlichen Leitern noch stärker auszuprägen. „Stets geht es darum" – so sagte Genosse Honecker – „daß die planmäßige Produktion von heute gut vorangeht und ... gleichzeitig ... die künftige Produktion von morgen rechtzeitig vorbereitet wird". Ein guter Leiter wird gerade in dieser Einheit seinen gesellschaftlichen Auftrag verwirklichen, ein Gespür für die wesentlichen Aufgaben von Wissenschaft und Technik entwickeln und sich dazu immer den Rat und die Vorschläge der Werktätigen, der Neuerer und Rationalisatoren der Produktion einholen.

Die Erfahrungen besagen, daß Fortschritte dort am bedeutendsten sind, wo die Leiter ihrer Verantwortung für den wissenschaftlich-technischen Fortschritt in vollem Umfang wahrnehmen und dies auch in der Planung, im Kampf um die Erfüllung des Planes seinen Niederschlag findet.

Wir sollten gemeinsam unsere Überlegungen und Arbeiten in der Richtung verstärken, wie wir über den gesamten Prozeß der Leitung und Planung diese notwendige Haltung zum wissenschaftlich-technischen Fortschritt noch aktiver fördern können. Dazu gehören Überlegungen, wie – ausgehend von der Tatsache, daß alle Betriebe, Kombinate und Zweige nunmehr erstmalig Fünfjahrpläne ausarbeiteten –, die Wirtschaftseinheiten ihre wissenschaftlich-technische Politik als Bestandteil dieses Fünfjahrplanes längerfristig bestimmen.

Weiterhin Überlegungen, wie die Erfüllung der Pläne Wissenschaft und Technik noch stärker zu einem wesentlichen Inhalt der Erfüllung der volkswirtschaftlichen Verpflichtungen und damit der Leistungsbewertung der Betriebe zu machen ist. Dazu gehören Vorschläge, wie wir möglichst praktikabel die Forderung des IX. Parteitages der SED verwirklichen, „Wissenschaft und Technik enger mit der Vorbereitung und Durchführung der Investitionen zu verzahnen".

Ein Schwerpunkt der Arbeit besteht darin, wie wir längerfristig inhaltlich und praktisch-organisatorisch herangehen, um die Ausarbeitung des Staatsplanes Wissenschaft und Technik auf ein höheres Niveau zu heben.

Der Druckpunkt liegt zweifellos vor allem in der Richtung, den Einfluß des Staatsplanes Wissenschaft und Technik auf die Beschleunigung des wissenschaftlich-technischen Fortschritts in der Breite und Tiefe der Volkswirtschaft wesentlich zu erhöhen. Das heißt, die Aufgaben so zu stellen und ihre Erfüllung zu organisieren, daß über den Staatsplan die staatliche wissenschaftlich-technische Politik immer besser durchgesetzt und der wissenschaftlich-technische Fortschritt mit hoher Breitenwirkung gesteuert wird.

Wir sehen es als eine vordringliche Verpflichtung an, wirksam dazu beizutragen, daß das Verständnis für die Rolle des wissenschaftlich-technischen Fortschritts bei der weiteren Gestaltung der entwickelten sozialistischen Gesellschaft wächst und gleichzeitig einen bedeutenden Beitrag zu leisten, die damit verbundenen Prozesse immer besser in der Leitung, Planung und ökonomischen Stimulierung des wissenschaftlich-technischen Fortschritts zu beherrschen.

In den Betrieben und Kombinaten sind das vor allem Fragen der längerfristigen Entwicklung der Produktion und des Erzeugnissortimentes zur Befriedigung des Bedarfes der Bevölkerung, der Volkswirtschaft und dem Exportes, der genauen Analyse des erreichten wissenschaftlich-technischen und ökonomischen Niveaus der Produktion und der Erzeugnisse im Vergleich zum internationalen Niveau; der rechtzeitigen Bestimmung notwendiger Veränderungen im technisch-ökonomischen Niveau. Damit sind wesentliche Zielstellungen für die wissenschaftlich-technische Arbeit sowie der kluge Einsatz aller wirtschaftlichen Reserven verbunden.

Schließlich hängt die beschleunigte Umsetzung des wissenschaftlich-technischen Fortschritts in wirtschaftliche und soziale Effektivität zunehmend auch davon ab, wie das zeitliche Auseinanderfallen zwischen der Ziel- und Aufgabenstellung für Forschung und Technik, notwendigen Aufwendungen und eintretenden ökonomischen Ergebnissen immer besser beherrscht wird. Das bedeutet, daß das Gewicht der geistigen und materiellen Vorleistungen für künftigen wissenschaftlich-technischen Fortschritt, für künftigen Effektivitätsfortschritt weiter zunimmt. Damit hängt zusammen, daß der wissenschaftlich-technische Fortschritt nicht nur wichtigste Quelle der Produktivitäts- und Effektivitätssteigerung ist, sondern selbst hohe Ansprüche an die wirtschaftliche Leistungsfähigkeit und die sozialistische Leitungstätigkeit stellt.

Ein wichtiges Problem der weiteren Beschleunigung des wissenschaftlich-technischen Fortschritts bildet die Intensivierung der wissenschaftlich-technischen Arbeit selbst. Einerseits sind dabei die Besonderheiten der wissenschaftlich-technischen Arbeit für die Intensivierung zu berücksichtigen, andererseits ist aber das übergreifende Element die Wesensgleichheit und die sich daraus ergebenden Hauptaufgaben der sozialistischen Intensivierung für alle Bereiche der Volkswirtschaft.

Die Erfahrungen zeigen, daß dabei noch stärker die Senkung des Aufwandes für Forschung und Entwicklung, die Qualität der wissenschaftlich-technischen Ergebnisse, die Verkürzung der Forschungs- und Entwicklungszeiten für neue Ergebnisse und Technologien sowie die planmäßige Überleitung von Forschungs- und Entwicklungsergebnissen in die Produktion im Mittelpunkt stehen müssen.

Die Förderung der zielstrebigen Arbeit der Wissenschaftler und Ingenieure für ein hohes Leistungsniveau in den Forschungs- und Entwicklungsbereichen ist mit der Entwicklung und sorgfältigen Pflege einer Atmosphäre schöpferischen Suchens, Disziplin und Plantreue zu verbinden. Das erfordert die breite Entfaltung der Gemeinschaftsarbeit der Wissenschaftler, Ingenieure und Arbeiter.

Als eine Kernfrage sehen wir dabei die Bedeutung des sozialistischen Wettbewerbes bei der weiteren Beschleunigung des wissenschaftlich-technischen Fortschritts. Die in den letzten Jahren erfolgte zielstrebige Orientierung des sozialistischen Wettbewerbs auf die Durchsetzung des wissenschaftlich-technischen Fortschritts und die Gemeinschaftsarbeit zwischen Arbeitern und Angehörigen der wissenschaftlich-technischen Intelligenz hat zu einem erheblichen volkswirtschaftlichen Produktivitätsanstieg geführt. Die sorgfältige Ausarbeitung der Pläne Wissenschaft und Technik und ihre höheren ökonomischen Zielsetzungen haben die Möglichkeit erweitert, im sozialistischen Wettbewerb wissenschaftlich-technische Höchstleistungen zu erreichen.

Höhere Anforderungen an die Gemeinschaftsarbeit ergeben sich auch aus der zunehmenden Komplexität des wissenschaftlich-technischen Fortschritts. Der internationale Aspekt der Durchsetzung des wissenschaftlich-technischen Fortschritts erfordert die Ausdehnung und Intensivierung der Gemeinschaftsarbeit im Rahmen der sozialistischen Staatengemeinschaft. Die wirksamere Verbindung von Wissenschaft und Produktion drängt zu einem höheren Grad der Vergesellschaftung der wissenschaftlichen Arbeit, die in erster Linie als Intensivierung der Zusammenarbeit zwischen den Beschäftigten in den produktionsvorbereitenden Bereichen und der materiellen Produktion zu verstehen ist.

Eine Konsequenz aus den Anforderungen an die sozialistische Gemeinschaftsarbeit besteht darin, daß diese bereits bei der Problemfindung und Ideensuche beginnen muß. Die Verbindung von Forschung und Entwicklung mit der Produktion darf sich nicht darin erschöpfen, daß den Arbeitern bereits fertig ausgearbeitete Maßnahmen vorgelegt werden, bei denen sie dann mögliche Verbesserungen herausfinden sollen. Eine solche Arbeitsweise ermuntert die Arbeiter nicht zur schöpferischen Mitarbeit, da sie den Werdegang der vorgeschlagenen Lösung gedanklich nachvollziehen müssen. Durch die Einbeziehung der Arbeiter in die Aufgabenfindung und Entwicklungsarbeit können sie dagegen das Projekt mit ihren Erfahrungen und Vorschlägen echt beeinflussen und zur Lösung der Probleme beitragen.

Nicht zuletzt wird ein besonderer Schwerpunkt unserer Forschung in Auswertung des IX. Parteitages darin bestehen, unsere Anstrengungen und Arbeiten quantitativ und qualitativ auf dem Gebiet zu verstärken, das auf die Erhöhung des schöpferischen Niveaus, der Leistungsbereitschaft und des Leistungswillens der Wissenschaftler, Techniker und Ingenieure gerichtet ist. Der IX. Parteitag machte nachdrücklich deutlich, daß dies eine der entscheidenden Fragen der Leitung von Forschung und Technik zur durchgängigen Erhöhung des Niveaus der wissenschaftlich-technischen Arbeit ist.

Vor uns steht im Interesse der Erhöhung des schöpferischen Niveaus der wissenschaftlich-technischen Leistungen die Aufgabe, in diesen Prozeß tiefer einzudringen, an die

Fragen der Motivation, des Leistungswillens noch besser heranzukommen. Auf der Grundlage solider praktischer Untersuchungen und ihrer Verallgemeinerungen müssen von uns Überlegungen und Vorschläge unterbreitet werden, wie wir unsere Forschungs- und Entwicklungseinrichtungen in viel stärkerem Maße zu Stätten der Bewährung der Besten, der kämpferischen Auseinandersetzung, des Ideenreichtums zum Überbieten der mit Wissenschaft und Technik zu erreichenden ökonomischen und sozialen Ziele entwickeln.

Heinrich Seickert

Zu einigen das sozialistische Recht betreffenden Problemen der Beschleunigung des wissenschaftlich-technischen Fortschritts aus der Sicht der wissenschaftstheoretischen Forschung

Der Zusammenhang unserer wissenschaftstheoretischen Untersuchungen auf dem Gebiet „Wissenschaft und Produktion" zum sozialistischen Recht ergibt sich bereits bei dem Problemkomplex, der sich auf fördernde und hemmende Faktoren im Überführungsprozeß zwischen Grundlagenforschung und industrieller Produktion bezieht. Wir gehen bei diesen Faktoren davon aus, daß den Prozessen der Beschleunigung des wissenschaftlich-technischen Fortschritts die Gesetzmäßigkeiten unserer Gesellschaftsentwicklung zugrunde liegen, die durch fördernde und hemmende Faktoren beeinflußt werden. Als solche Faktoren sehen wir Ursachenkomplexe an, die in bestimmten Arbeitsprozessen auftreten und sich fördernd oder hemmend auf Gesetzmäßigkeiten im Prozeß der Beschleunigung der Überführung wissenschaftlicher Erkenntnisse in die Produktion sowie letztlich positiv oder negativ auf die Effektivität des gesellschaftlichen Reproduktionsprozesses auswirken. Diese Faktoren können nach unserer Auffassung begründet sein

- in den *Elementen des Arbeitsprozesses (AK, AM, AG).* Zu den fördernden Faktoren zählen beispielsweise solche qualitativ neuen Elemente wie die Neuerer und Rationalisatoren, es gehört hierzu auch eine ausreichende, auf hohem Niveau stehende technologische Basis in Forschung und Produktion u. a. m., während ein unzureichendes Forschungspotential – z. B. der zweigspezifischen Grundlagenforschung – sich gerade gegenwärtig als hemmender Faktor erweist;
- in den konkreten natürlichen und gesellschaftlichen Bedingungen. Als entscheidende fördernde Faktoren erweisen sich hier vor allem die Vorzüge des Sozialismus sowie die aus diesen Vorzügen resultierenden qualitativ neuen Triebkräfte;
- in den gesellschaftlichen Arbeitsprozessen selbst, ihren Zielen und Resultaten in der Art und Weise, wie im Sozialismus komplexe gesellschaftliche Prozesse beherrscht, Ziele erreicht sowie Resultate hervorgebracht und das schöpferische Zusammenwirken von Wissenschaft und Produktion im gesellschaftlichen Reproduktionsprozeß planmäßig vollzogen werden.

Aus dieser Sicht gesehen kann das sozialistische Recht ein fördernder, unter Umständen auch ein hemmender Faktor sein. Das hängt ganz davon ab, inwieweit es dazu beiträgt, solche Reproduktionsbedingungen zu beachten und bewußt zu gestalten, die den Erfordernissen unserer Gesellschaftsentwicklung entsprechen. Schon hier wird deutlich, daß das Wissen um die objektiven Erfordernisse, aber auch um die konkreten Reproduktionsbedingungen für das sozialistische Recht die Grundlage für die Entfaltung von Triebkräften zur Durchsetzung des wissenschaftlich-technischen Fortschritts sein muß. Letztlich muß jede Forderung an die Beschleunigung des wissenschaftlich-technischen Fortschritts, an die Nutzung fördernder und die Beseitigung hemmender Faktoren in den

Beziehungen von Wissenschaft und Produktion als eine Forderung zur Entwicklung und Gestaltung entsprechender Wissenschafts- und Wirtschaftspotentiale sowie als Forderung zur Beachtung und Gestaltung entsprechender Bedingungen in den gesellschaftlichen Prozessen angesehen werden. Bekanntlich hat die einseitige und formale Orientierung unserer Produktion auf die Erfüllung der Wertkennziffer „Warenproduktion", von der die materielle Stimulierung der Betriebe weitestgehend abhängig gemacht wurde, zu nicht unwesentlichen Schwierigkeiten bei der Überführung von Ergebnissen der Forschung in die Produktion geführt. Diese Schwierigkeiten sind sicher nicht der ökonomischen Kategorie Warenproduktion anzulasten, sondern der Art und Weise, wie mit dieser Kennziffer Normen gesetzt und bestimmte Prozesse des wissenschaftlich-technischen Fortschritts leitungsmäßig gestaltet werden.

Wir beherrschen leitungsmäßig zwar relativ gut schon solche Prozesse der Überführung wissenschaftlicher Erkenntnisse in die Produktion soweit sie im wesentlichen in den Verantwortungsbereichen einzelner Betriebe, Kombinate und Zweige bewältigt werden können. Schwierig wird es vor allem dann, wenn bei komplexen Überführungen – das gilt vor allem für das Nutzbarmachen von Erkenntnissen der Grundlagenforschung – das Zusammenwirken mehrerer Bereiche der Produktion, die unterschiedlichen Leitungsstrukturen angehören, notwendig ist. Solche Schwierigkeiten führen dann oft dazu, daß in den Plänen – auch in den Plänen „Wissenschaft und Technik" – nur solche wissenschaftlich-technischen Zielstellungen und Aufgaben verankert werden, die man leitungsmäßig verantworten und relativ risikolos erfüllen kann. So werden die Pläne „Wissenschaft und Technik" auf den verschiedenen Leitungsebenen zwar erfüllt, aber einige gesamtvolkswirtschaftlich brennende Probleme bleiben dennoch ungelöst. So auf dem Gebiet der Mikroelektronik. Die Vervollkommnung der Regelungen zur Zusammenarbeit der staatlichen Leitungen und zur Zusammenarbeit von Wissenschaft und Produktion ist ein dringendes Erfordernis, weil so die Komplexität bestimmter gesellschaftlicher Prozesse besser beherrscht werden kann. Denn viele Hemmnisse im Überführungsprozeß, insbesondere bei solchen Ergebnissen der Forschung, die gesamtvolkswirtschaftliche Auswirkungen haben, resultieren aus einer unzureichenden Zusammenarbeit verschiedener staatlicher Bereiche. Vor ähnlichen Problemen stehen übrigens auch andere sozialistische Länder, wie unsere bisherigen Erfahrungen in der Zusammenarbeit mit ihnen gezeigt haben. In diesem Zusammenhang ist es auch notwendig, über materielle und moralische Stimulierungen stärker auf volkswirtschaftlich bedeutende wissenschaftlich-technische Ziele und Aufgaben zu orientieren. Insbesondere dann, wenn der Hauptanteil des ökonomischen Nutzens erst am Ende eines über verschiedene Betriebe und Kombinate reichenden Produktionsprozesses erzielt werden kann, beträchtliche Vorleistungen der Forschung, ökonomische Aufwendungen und Risiken aber bereits in vorgelagerten Stufen anfallen, ist es entscheidend, aus der Sicht der Kmplexität des Gesamtprozesses solche Regelungen für die Betriebe und wissenschaftlichen Einrichtungen zu gestalten, durch die nicht nur eine Beteiligung an der Mitwirkung, sondern auch eine Beteiligung an der Verantwortung, am Risiko, aber auch am gesellschaftlichen Nutzen erreicht wird. Dabei die Interessen und Erfordernisse der Gesellschaft mit den Interessen der wissenschaftlichen Einrichtungen, der Zweige, Kombinate, der Betriebe und letztlich der Werktätigen in Übereinstimmung zu bringen, dürfte eine nicht leichte, aber ohne das sozialistische Recht kaum zu bewältigende Aufgabe sein. Auch hier müssen wir vom Grundsatz ausgehen, was der Gesellschaft nützt, muß auch für den Betrieb und alle beteiligten Werktätigen von Nutzen sein. Das müssen nicht immer nur Groß- oder Massenproduktionen sein, auf die wir stimulierenden Einfluß nehmen müssen, auch wissenschaftsintensive Spezialproduktionen oder solche die Proportionalität und Effektivität des Gesamtprozesses sichernde Kleinproduktionen oder Zulieferungen können durchaus volkswirtschaftlich ins Gewicht fallen. Denn zwischen dem Gesetz der Ökonomie der Zeit und dem Gesetz der planmäßigen proportionalen Entwicklung der Volkswirtschaft bestehen im Sozialismus enge Wechselbeziehungen und gegenseitige Bedingtheiten, die wir beachten müssen. Wie unsere Untersuchungen gezeigt haben, bringen gerade Disproportionen eine Reihe hemmender Fatoren hervor, die der Beschleunigung des wissenschaftlich-technischen Fortschritts entgegenwirken und die sich nur schwer mit der Forderung nach Erhöhung der Qualität unserer Erzeugnisse vereinbaren lassen.

Die Wahrnehmung der Verantwortung der Wissenschaft gegenüber der Produktion und umgekehrt darf selbstverständlich nicht auf den unmittelbaren Prozeß der Überführung von Resultaten der Forschung in die Produktion beschränkt bleiben. Die gemeinsame Verantwortung beginnt für beide Seiten heute bereits dort, wo langfristige Konzeptionen in Wissenschaft und Produktion auf Erfordernissen des gesellschaftlichen Reproduktionsprozesses abgeleitet werden müssen. Sie reicht bis weit in Entscheidungen der Betriebe hinein, von denen die Wissenschaft früher weitestgehend ausgeschlossen wurde. Die Sicherung der Mitwirkung sowie Wahrnehmung der Mitverantwortung der Wissenschaft z. B. bei bedeutenden Intensivierungsprozessen vollzieht sich heute vielfach noch im Selbstlauf. Diese organisiert und planmäßig zu sichern, sollte ein dringendes Anliegen des sozialistischen Rechts sein. So hätten in der Vergangenheit beispielsweise manche ökonomischen Verluste vermieden werden können, wenn man z. B. bei bedeutenden Wissenschaftsimporten (z. B. von großen Chemieanlagen) oder bei Weltstandsvergleichen und Analysen den Rat erfahrener Wissenschaftsexperten eingeholt hätte. Ohne derartige wissenschaftsberatende Gremien scheinen mir Betriebe, Kombinate und Zweige bei einigen wichtigen Entscheidungen des wissenschaftlich-technischen Fortschritts oftmals überfordert, um Risiken, Bedingungen, Erfordernisse und volkswirtschaftliche Konsequenzen richtig einschätzen zu können. Eine Reihe solcher Organe haben sich ja inzwischen bei uns schon bewährt.

In der Zusammenarbeit zwischen Grundlagenforschung und Produktion haben sich auch verschiedene neue Formen und Methoden der Zusammenarbeit herausgebildet. Dazu zählen bekanntlich die Akademie-Industrie-Komplexe (AIK). In Zusammenarbeit mit den drei bestehenden AIK „Arzneimittelforschung", „Technische Mikrobiologie" und „Organische Hochpolymere" haben wir für die AdW-Leitung ein Material „Zu einigen Erfahrungen und Problemen der Herausbildung von Akademie-Industrie-Komplexen" ausgearbeitet, aus dem sich auch bestimmte Konsequenzen für das sozialistische Recht ergeben. Es sei in diesem Zusammenhang nur hingewiesen auf die Beachtung von Bedingungen und Mindestanforderungen bei AIK-Bildungen. Es sei ferner auch hingewiesen auf Probleme, die sich aus einer rechtlich nicht eindeutigen Festlegung der materiellen Verantwortlichkeit der Partner bei Überleitung von Forschungsergebnissen in die Produktion ergeben sowie auf Probleme, die sich bei gemeinsamer Arbeit und Aufgabenstellung durch Unterschiede bei der Entlohnung, bei der materiellen und moralischen Stimulierung sowie durch Unterschiede bei der Gestaltung der Arbeitsbedingungen für die Mitarbeiter der beiden Partner oder durch unterschiedliche Plandirektiven ergeben. Hier entsteht die Frage, ob neben den bestehenden differenzierten Rechtsvorschriften, die für die Akademieinstitute auf der einen und die Industrieforschungsinstitute auf der anderen Seite gelten, eine weitere – speziell für AIK geltende – dazu kommen soll. Ich meine, das Ziel sollte hierbei vor allem in der Vereinheitlichung bestimmter Rechtsvorschriften gesehen werden, das heißt bei gleichartigen Prozessen (z. B. bei Akademie- und Industrieforschungen, gleichartigen Dienstleistungen in Forschung und Produktion) zu gleichartigen Stimulierungen, Entlohnungen u. a. m. zu kommen. Das aber setzt natürlich Kenntnisse über die konkreten Reproduktionsbedingungen voraus, die nur durch das interdisziplinäre Zusammenwirken der Rechtswissenschaftler mit Ökonomen, Wissenschaftstheoretikern sowie Vertretern anderer Disziplinen der Gesellschaftswissenschaften und nicht zuletzt durch Zusammenarbeit mit Naturwissenschaftlern gewonnen werden können. Dies ist eine der wichtigsten Konsequenzen, die sich für die Forschungsarbeit zum sozialistischen Recht, insbesondere im Hinblick auf die Beschleunigung des wissenschaftlich-technischen Fortschritts ergeben.

Richard Hähnert

Zur Rolle des LPG-Rechts bei der Durchsetzung des wissenschaftlich-technischen Fortschritts in der Landwirtschaft

Mit den neuen Musterstatuten und den Musterbetriebsordnungen für die LPG Pflanzen- und Tierproduktion, mit denen ein Gesetzgebungsauftrag des IX. Parteitages erfüllt wird, wurde neben den neuen arbeitsrechtlichen Regelungen auch für die Tätigkeit der zweiten produzierenden Hauptklasse, der Klasse der Genossenschaftsbauern, eine neue, dem gesamtgesellschaftlichen Entwicklungsstand entsprechende rechtliche Grundlage gegeben. Im Programm der Sozialistischen Einheitspartei Deutschlands sind zwei agrarpolitische Ziele formuliert, die eng miteinander verknüpft sind:

1. In der Land- und Nahrungsgüterwirtschaft ist die Produktion und deren Effektivität systematisch zu erhöhen, um eine stabile, sich stetig verbessernde Versorgung der Bevölkerung mit hochwertigen Nahrungsmitteln und der Industrie mit Rohstoffen zu sichern;
2. Die Lebensbedingungen des Dorfes sind denen der Stadt anzunähern, um die wesentlichen Unterschiede zwischen Stadt und Land allmählich zu überwinden.[1]

Der vom IX. Parteitag der SED vorgezeichnete Weg zur Verwirklichung dieser agrarpolitischen Zielstellung besteht in dem allmählichen Übergang der Landwirschaft zur industriemäßigen Produktion. Das ist jedoch nur möglich durch die Herausbildung großer, spezialisierter Produktionseinheiten der Pflanzen- und Tierproduktion auf dem Weg der Kooperation. Auch in der Landwirtschaft ist der wissenschaftlich-technische Fortschritt Hauptfaktor der Intensivierung. Dabei ist zu beachten, daß die Wirksamkeit des wissenschaftlich-technischen Fortschritts davon abhängt, wie beschleunigt der Übergang der Landwirtschaft zur industriemäßigen Produktion erfolgt. Umgekehrt werden mit dem Übergang zur industriemäßigen Produktion immer bessere Voraussetzungen geschaffen, die gesellschaftlichen Triebkräfte zur Durchsetzung des wissenschaftlich-technischen Fortschritts freizusetzen. Auf diesen grundlegenden Zusammenhang zwischen der Freisetzung der Triebkräfte des wissenschaftlich-technischen Fortschritts und dem Übergang zur industriemäßigen Produktion in der Landwirtschaft hat das ZK der KPdSU in seinem Beschluß vom 2. 6. 1976 über die Weiterentwicklung von Spezialisierung und Konzentration der landwirtschaftlichen Produktion und Agrar-Industrie-Kooperation in der UdSSR hingewiesen. In diesem bedeutungsvollen Beschluß wird unter anderem hervorgehoben, daß der Vielzweigcharakter der landwirtschaftlichen Produktionsbetriebe ein Hemmschuh für den ökonomischen und folglich auch den wissenschaftlich-technischen Fortschritt ist und der Volkswirtschaftszweig Landwirtschaft von der modernen Wissenschaft und Technik nur erschlossen werden kann, wenn die Spezialisierung und Konzentration der landwirtschaftlichen Produktion und ihre Überführung auf eine industriemäßige Grundlage vorangebracht werden.[2]

In diesem Zusammenhang ist auch die Feststellung des IX. Parteitages außerordentlich bedeutsam, daß beide Formen des sozialistischen Eigentums an den Produktionsmitteln in der Landwirtschaft große Entwicklungspotenzen besitzen und auch das genossenschaftliche Eigentum breiten Raum für den Übergang der Klasse der Genossenschaftsbauern zur industriemäßigen Produktion bietet. Indem die Klasse der Genossenschaftsbauern unter Führung der Arbeiterklasse zur industriemäßigen Produktion übergeht, wird sie selbst zur aktiven Gestalterin des wissenschaftlich-technischen Fortschritts. Damit erhält gleichzeitig das Klassenbündnis neue qualitative Züge.

Mit dem Übergang zur industriemäßigen Produktion in der Landwirtschaft ist seit dem VIII. Parteitag eine völlig neue Agrarstruktur entstanden. Ende 1976 bestanden im Bereich der Pflanzenproduktion, 1024 KAP, 156 LPG Pflanzenproduktion, 12 VEG Pflanzenproduktion, 3401 LPG Tierproduktion, 30 Kombinate Industrielle Mast, 418 VEG Tierproduktion, 360 zwischenbetriebliche Einrichtungen der Tierproduktion. Aus diesen Zahlen ist ersichtlich, daß der Konzentrations- und Spezialisierungsgrad in der Pflanzenproduktion als dem bedeutendsten Bereich der landwirtschaftlichen Produktion am weitesten fortgeschritten ist. Die Pflanzenproduktionsbetriebe haben heute durchschnittlich 5 000 ha landwirtschaftliche Nutzfläche und Kollektive von 350 bis 400 Werktätigen. Der Wirkungsfaktor wissenschaftlich-technischer Fortschritt wird unter anderem daran meßbar, daß heute noch 840 000 Berufstätige in der Landwirtschaft beschäftigt sind, gegenüber etwa 2 Millionen Anfang der 50er Jahre. Mit einem Drittel der Arbeitskräfte erzeugt die Landwirtschaft gegenüber 1950 heute das 4,4fache an Milch, das 6,1fache an Schlachtvieh. Das staatliche Aufkommen an landwirtschaftlichen Produkten erhöhte sich je Berufstätigen der Landwirtschaft auf das 7,4fache.[3]

Insgesamt ist heute ein solcher Entwicklungsstand in der Landwirtschaft erreicht, der es ermöglicht und erforderlich macht, solche rechtlichen Regelungen zu schaffen, die stärker auf die Entfaltung der Triebkräfte des wissenschaftlich-technischen Fortschritts abzielen.

Für die Tätigkeit der Neuerer in den LPG wurden solche rechtlichen Regelungen bereits erlassen. Ihre Rechte und Pflichten gestalten sich nach der Neuererverordnung vom 22. 12. 1971 und einer dazu erlassenen Verfügung des Ministeriums für Land-, Forst- und Nahrungsgüterwirtschaft vom 16. 10. 1972. Mit diesen gesetzlichen Bestimmungen wurden rechtliche Grundlagen geschaffen, die Neuererbewegung als Bestandteil des sozialistischen Wettbewerbs auch in den LPG zu entwickeln und inhaltlich auf hohe und stabile Hektarerträge und die Steigerung der Arbeitsproduktivität auszurichten.

Der besseren leitungsmäßigen Beherrschung des wissenschaftlich-technischen Fortschritts in der Landwirtschaft entsprechend dem erreichten Entwicklungsstand dient auch die Verfügung über die Aufgaben der Leitung und Planung bei der Anwendung des wissenschaftlich-technischen Fortschritts im Bereich der Land-, Forst- und Nahrungsgüterwirtschaft vom 10. 11. 1976.[4] Von wesentlicher Bedeutung für die Gestaltung des wissenschaftlich-technischen Fortschritts in den LPG sind die neuen Musterstatuten für die LPG Pflanzen- und Tierproduktion. Sie stellen einen neuen Abschnitt der rechtlichen Gestaltung des wissenschaftlich-technischen Fortschritts dar. Das bezieht sich sowohl auf die rechtliche Regelung der Durchsetzung des wissenschaftlich-technischen Fortschritts als auch auf die weitere Vervollkommnung der politisch-sozialen Bedingungen, welche die Grundlage für die Freisetzung der gesellschaftlichen Triebkräfte zur Verwirklichung des wissenschaftlich-technischen Fortschritts bilden. In diesem Zusammenhang möchte ich vor allem auf die Ziffer 7 des Musterstatuts verweisen. Erstmalig in der Geschichte des LPG-Rechts wird hier in einem Musterstatut profiliert die Verantwortung der LPG formuliert, die Durchsetzung des wissenschaftlich-technischen Fortschritts als bestimmenden Faktor der Intensivierung und des Übergangs zur industriemäßigen Produktion als Hauptquelle der Steigerung der Produktion und der Arbeitsproduktivität zu sichern. Danach hat die LPG die Rechtspflicht, den wissenschaftlich-technischen Fortschritt zum festen Bestandteil der gesamten Leitungs- und Planungstätigkeit zu machen. Sie wird verpflichtet, alle Maßnahmen des wissenschaftlich-technischen Fortschritts exakt zu planen, zu kontrollieren und abzurechnen. Diese Bestimmungen der Musterstatuten bilden eine Einheit mit der genannten Verfügung des Ministeriums für Land-, Forst- und Nahrungsgüterwirtschaft, die unter anderem festlegt, daß die Vorstände der LPG zu gewährleisten haben, daß die Pläne des wissenschaftlich-technischen Fortschritts zum Leitungsinstrument bei der Erhöhung der Produktion werden und die in den staatlichen Aufgaben enthaltenen Maßnahmen durch weitere betriebliche Maßnahmen zu ergänzen sind.

Weitere unmittelbare Forderungen zur Durchsetzung des wissenschaftlich-technischen Fortschritts enthalten die neuen Musterstatuten auch im III. Abschnitt. Er hat die Festigung und Weiterentwicklung der kooperativen Beziehungen zum Gegenstand. So verpflichtet Ziffer 19 die LPG, die Kooperation zu nutzen, um Wissenschaft und Technik immer wirksamer für die Intensivierung der Produktion einzusetzen. Tatsächlich ist die kooperative Zusammenarbeit zwischen LPG und den Kreisbetrieben für Landtechnik, agrochemischen Zentren und anderen Betrieben der Land-, Forst- und Nahrungsgüterwirtschaft eine wesentliche Voraussetzung und gleichzeitig ein wichtiges Mittel zur Durchsetzung des wissenschaftlich-technischen Fortschritts. Dieser Zusammenhang wird z. B. daran deutlich, daß ein immer größer werdender Teil der genossenschaftlichen Fonds für gemeinsame Investitionen mehrerer Landwirtschaftsbetriebe genutzt wird, und zwar sowohl zum Zweck der Förderung der industriemäßigen Produktion wie auch der Verbesserung der Arbeits- und Lebensbedingungen der Genossenschaftsbauern und Arbeiter.

Weitere Möglichkeiten der Durchsetzung des wissenschaftlich-technischen Fortschritts werden sich innerhalb der Agrar-Industrie-Vereinigungen Pflanzenproduktion (AIV) entwickeln. Sie stellen eine fortgeschrittene Form der Kooperation zwischen LPG und VEG Pflanzenproduktion und anderen Betrieben dar. Die Zusammenarbeit erfolgt auf freiwilliger Grundlage, gleichberechtigt, koordiniert unter einheitlicher Leitung und unter Beibehaltung der juristischen und ökonomischen Selbständigkeit. Es zeichnet sich ab, daß durch die Tätigkeit von Genossenschaftsbauern und Arbeitern in den AIV die Kräfte und Mittel der kooperierenden Betriebe zur Durchsetzung des wissenschaftlich-technischen Fortschritts noch umfassender genutzt werden können. Insgesamt kann eingeschätzt werden, daß diese neuen rechtlichen Regelungen ein wirksames Leitungsinstrument sind, daß dazu beiträgt, daß der wissenschaftlich-technische Fortschritt als entscheidender Wachstumsfaktor der Produktion die gesamte Leitung und Planung des Reproduktionsprozesses durchdringt. Insbesondere wird es darauf ankommen zu sichern, daß die LPG alle Anstrengungen unternehmen, die hinsichtlich des wissenschaftlich-technischen Fortschritts vorgegebenen staatlichen bilanzierten Kennziffern zu realisieren. Diesem Anliegen dient der besondere Ausweis entsprechender Maßnahmen im Planteil wissenschaftlich-technischer Fortschritt der LPG. Er unterliegt als Bestandteil des Betriebsplanes der Bestätigung durch die Räte der Kreise nach § 41 des Gesetzes über die örtlichen Volksvertretungen. Durch die Bestätigung des Betriebsplanes wird somit der wissenschaftlich-technische Fortschritt in den LPG unmittelbar in die staatliche Leitung der LPG mit einbezogen. Das hat hinsichtlich der Kontrolle und Abrechnung aller Maßnahmen des wissenschaftlich-technischen Fortschritts zur Folge, daß sich diese nicht nur innergenossenschaftlich vollziehen, sondern die Pflicht zur Abrechnung auch gegenüber den verantwortlichen staatlichen produktionsleitenden Organen, insbesondere den Räten der Kreise, besteht. Zur Verwirklichung dieser rechtlichen Forderungen sind in der Praxis bereits wirksame Methoden entwickelt worden. So werden durch die staatlichen Organe die LPG zum jährlichen Nachweis verpflichtet, welchen ökonomischen Nutzen die Maßnahmen des wissenschaftlich-technischen Fortschritts in den einzelnen Betrieben erbracht haben. Das geschieht u. a. anhand der Steigerung der Produktion und Erlöse, der Einsparung von Arbeitsstunden und Arbeitskräften sowie der Einsparung an Material. Auf diese Weise läßt sich für jeden Landwirtschaftsbetrieb, Kreis und Bezirk der jährliche ökonomische Nutzen der Maßnahmen des wissenschaftlich-technischen Fortschritts ermitteln. Allerdings ist die Frage zu stellen, ob die Abrechnung der Maßnahmen des wissenschaftlich-technischen Fortschritts in den Landwirtschaftsbetrieben nicht stärker anhand bestimmter qualitativer Kennziffern erfolgen sollte, wie z. B. der Verbesserung der Qualität der erzeugten Produkte. Es stellt sich auch die Frage, ob es nicht angezeigt wäre, über eine rechtliche Regelung materieller Stimuli fördernd auf die Durchsetzung des wissenschaftlich-technischen Fortschritts in den Landwirschaftsbetrieben einzuwirken.

Ausgehend davon, daß das neue Musterstatut den wissenschaftlich-technischen Fortschritt auch dadurch durchzusetzen hilft, indem es die politisch-sozialen Verhältnisse in den LPG entsprechend dem erreichten Entwicklungsniveau neu gestaltet und damit zur weiteren Freisetzung gesellschaftlicher Triebkräfte in dieser Richtung beiträgt, steht hierbei an erster Stelle die Sicherung des Rechts auf Arbeit als grundlegendes Menschenrecht unter den Bedingungen der industriemäßigen Produktion und der damit verbundenen Überwindung der wesentlichen Unterschiede zwischen Stadt und Land. Sie sind ein wesentliches Moment bei der Schaffung grundlegender Voraussetzungen für den Übergang zum Kommunismus.

Jedoch möchte ich auf einen weiteren Regelungskomplex der neuen Musterstatuten hinweisen, die unter dem Gesichtspunkt der Gestaltung der politisch-sozialen Verhältnisse gleichfalls von grundlegender Bedeutung sind. Die Musterstatuten tragen dem Rechnung, daß in den LPG in zunehmendem Umfang Arbeiter und Genossenschaftsbauern ein einheitliches Arbeitskollektiv bilden. Aus dieser Tatsache wird in den Musterstatuten die Schlußfolgerung gezogen, daß die in den LPG tätigen Arbeiter im vollen Umfang in die Leitung und Planung der LPG einbezogen werden. Das bedeutet z. B., daß die in den LPG beschäftigten Arbeiter an der Beschlußfassung der kollektiven Leitungsorgane über die genossenschaftlichen Angelegenheiten beteiligt sind. Auf diese Weise wird das Zusammenwirken von Arbeitern und Genossenschaftsbauern im Arbeitskollektiv der LPG auf eine neue rechtliche Basis gestellt, deren theoretische Durchdringung eine aktuelle Aufgabe der Rechtswissenschaft sein muß. Das bezieht sich nicht nur auf die LPG-Rechtswissenschaft, sondern auch auf andere rechtswissenschaftliche Disziplinen. Ich bin davon überzeugt, daß auch diese neuen gesellschaftlichen Beziehungen, wie sie sich in der gleichberechtigten Teilnahme von Genossenschaftsmitgliedern und Arbeitern an der Leitung der LPG und der damit verbundenen Ausgestaltung des Klassenbündnisses auf betrieblicher Ebene darstellen, neue gesellschaftliche Triebkräfte für die Durchsetzung des wissenschaftlich-technischen Fortschritts in den LPG erschlossen werden können.

Abschließend sei darauf verwiesen, daß sich sowohl aus der zunehmenden Bedeutung des wissenschaftlich-technischen Fortschritts in den LPG als auch aus dem Niveau der rechtlichen Regelung dieses gesellschaftlichen Prozesses für die LPG-Rechtswissenschaft die Notwendigkeit ergibt, sich diesen Problemen künftig intensiver zuzuwenden. Das bedeutet u. a., die Probleme der Durchsetzung und Beschleunigung des wissenschaftlich-technischen Fortschritts stärker in ihrer Komplexität zu erfassen und die interdisziplinäre Zusammenarbeit der juristischen Fachdisziplinen zielstrebiger als bisher zu entwickeln. Dabei gilt es, insbesondere die Zusammenarbeit mit jenen Disziplinen, die sich direkt mit den Problemen der rechtlichen Gestaltung des wissenschaftlich-technischen Fortschritts beschäftigen, zu vertiefen.

Aus der Sicht solcher Fachdisziplinen wie der LPG-Rechtswissenschaft ist es für die weitere wissenschaftliche Arbeit auf diesem Gebiet von wesentlicher Bedeutung, auf in diesen Disziplinen erarbeiteten Grunderkenntnissen aufbauen zu können.

Anmerkungen

1 Programm des IX. Parteitages der SED, Dietz-Verlag 1976, S. 30.

2 Vgl. Presse der Sowjetunion 1976, Nr 27, S. 29 ff

3 Zahlen entnommen bei G Grüneberg, Zu den Entwürfen der neuen Musterstatuten der LPG, „Neues Deutschland" vom 10 1 1977.

4 Verfügungen und Mitteilungen des Ministeriums für Land-, Forst- und Nahrungsgüterwirtschaft, 1977/1.

FSC
www.fsc.org
MIX
Papier | Fördert
gute Waldnutzung
FSC® C083411

Kolibri 360 GmbH
Ferdinand-Jühlke-Straße 7
99095 Erfurt, Deutschland
produktsicherheit@kolibri360.de